औरत की आवाज़

[नासिरा शर्मा द्वारा लिये गए साक्षात्कार]

औरत की आवाज़

नासिरा शर्मा

लोकभारती प्रकाशन

लोकभारती प्रकाशन
पहली मंजिल, दरबारी बिल्डिंग, महात्मा गांधी मार्ग
प्रयागराज-211 001

वेबसाइट : www.lokbhartiprakashan.com
ईमेल : info@lokbhartiprakashan.com

शाखाएँ : 1-बी, नेताजी सुभाष मार्ग, दरियागंज
नई दिल्ली-110 002
अशोक राजपथ, साइंस कॉलेज के सामने
पटना-800 006

पहला संस्करण : 2023

मूल्य : ₹495

बी.के. ऑफसेट
नवीन शाहदरा, दिल्ली-110 032
द्वारा मुद्रित

AURAT KI AAWAZ
Interview by Nasera Sharma

ISBN : 978-93-93603-43-2

ज़ैनब (अ) की उस आवाज़ के नाम
जिन्होंने
ज़ुल्म के ख़िलाफ़ विरोध जताकर
एक रिवायत को जन्म दिया

क्रम

शोर-शराबे के बीच एक ख़्वाहिश

जिस दौर में हम जी रहे हैं उसमें शोर ही शोर है। हर तरफ़ कोहराम है, हर आदमी चीख़ रहा है, मशीनें घड़घड़ा रही हैं, टैंक चिंघाड़ रहे हैं, बम धमाके कर रहे हैं, गोलियाँ सनसना रही हैं, सुनामी आसमानी क़हर बन बस्तियों को बहाकर ले जा रहा है, जलजले और आतिशफ़िशाँ फटकर ज़मीन का चेहरा बदल रहे हैं। ऐसे शोर में कौन किसकी आवाज़ सुने?

बाहर की आवाज़ें कान फाड़ रही हैं या अन्दर की उठती आवाज़ें आपके वजूद को पारा बना रही हैं?

टपके आँसुओं की कोई आवाज़ नहीं होती है फिर भी...

फ़रियाद, बैन, विलाप, सिसकियों, सुबकियों और हिचकियों की तो आवाज़ फ़िज़ा में हवा दूर तक सरगोशी की शक्ल में फैलाती है।

ये आवाज़ें जो दुनिया के हर कोने से बुलन्द हो रही हैं, क्या इन्हें सुनने वाला कोई नहीं बचा है?

क्या सब ख़ामोश तमाशाई बने हैं या फिर बहरे, गूँगे, अन्धे?

निराशा इस हद तक छा गई है कि अब आवाज़ उठाना अर्थहीन लगता है, ख़ामोश रहना समझदारी, क्योंकि ज़िन्दगी ज़्यादा प्यारी!

जिस तरह इनसानों के बेजा हस्तक्षेप से क़ुदरत अपना रौद्र रूप दिखाने लगी है ठीक उसी तरह से औरत ने बन्द कुएँ का मुँह खोल ख़ामोशी तोड़ दी है।

अपनी सोच और जज़्बात, गहरी नज़र और एतराज़ वह बिना किसी भय या झिझक के खुली आवाज़ से कह रही है जो सुना भी जा रहा है और दबाया भी जा रहा है।

तारीख़ गवाह है कि इस तरह का विरोध केवल आज का परिदृश्य नहीं है बल्कि तारीख़ के पन्नों पर जाने कितनी औरतें ऐसी हैं जो गुमनाम होकर भी

अपना फ़र्ज़ निभा गईं और नामवर होकर भी उन्होंने अपनी उपस्थिति तारीख़ में दर्ज कराईं।

'औरत की आवाज़' नामक पुस्तक में मेरे द्वारा लिये गए उन महिलाओं के साक्षात्कार हैं जिन्होंने अपने जीवन में महत्त्वपूर्ण भूमिका निभाईं और अहम पदवी पर आसीन रहीं, इसके बावजूद उन्होंने पूरे ज़माने को किस खुलेपन से देखा और इनसानी मुश्किलों को कितना समझा।

मैंने यह पुस्तक जनाबे ज़ैनब (अ) की नज़र की है। इस इनसानी किरदार को जानने के बाद दुनिया की कोई औरत अपने को मज़लूम और बेचारा समझने की ग़लती नहीं कर सकती है क्योंकि ख़ून और ख़ाक में लिथड़े लहू के रिश्तों को देखकर किसी भी आदमी का दिल पारा-पारा हो जाता है, उस वक़्त भी सच्चाई पर डटे रहना किरदार की अज़मत को हमारे सामने रखता है।

बात मुख़्तसर थी।

सीरिया का बादशाह एक ऐसे ख़ानदान के शख़्स से अपने आगे सजदा करवाना चाहता था जो उसकी बुराइयों, ज़ुल्म और ग़लत हरक़तों की वजह से इनकार की कैफ़ियत में थे। जंग करना नहीं चाहते थे। हिन्दुस्तान की तरफ़ आकर सुकून से रहना चाहते थे मगर धोखे से उन्हें बुलाया गया। उन पर पानी बन्द किया गया और क़ाफ़िले के सभी मर्दों को शहीद कर दिया गया। औरतों के खेमे जल गए। उनकी चादरें छीन ली गईं। मुँह पर राख पोत सबने बालों को खोलकर अपनी पर्देदारी की और जीती फ़ौज ने उन्हें बिना काठी के ऊँटों पर बिठा राजदरबार में हाज़िर करना चाहा तो ज़ैनब ने कहा कि फ़ौज हमें बीच घेरे में रख ले तो हमारा 'हिजाब' रह जाएगा मगर उनकी इस इल्तजा पर कान न धरा गया और सभी शहीद मर्दों के सिर नेज़े पर रख औरतों को इस तरह ले गए कि शहर और बस्ती जो भी राह में पड़ा वहाँ तमाशबीनों का मजमा लगा रहा।

जब क़ैदियों का यह क़ाफ़िला शाही दरबार में पहुँचा तो वहाँ जश्न का-सा इन्तज़ाम था। दूर-दूर से अमीर व उमरा मौजूद थे। यज़ीद का प्रचार और हुसैन की हार का बयान जारी था। दरबार में यज़ीद ने हुसैन का सिर मँगवाया और छड़ी की नोक उनके सिर और मुँह पर लगा मसख़रे अन्दाज़ से पूछा, "यह सिर किसका है?" दरबार में सभी जानते थे कि पैग़म्बर के नवासे का सरेमुबारक़ था। क़ैदी औरतों की आँखें अश्कबार थीं। अपनों की मौत और सफ़र की थकान से चूर-चूर

थीं। यज़ीद की उम्मीद के ख़िलाफ़ जनाबे ज़ैनब ने भाई का कटा सिर देखा और आँसुओं से भरी आँखें उठाईं और यज़ीद की ग़ैरज़रूरी तोहमतों और मज़ाक़ का जवाब उन्होंने बड़ी शालीनता से दिया—"सिवाय ज़ीबाई (सौन्दर्य) के मैंने अपने भाई में और कुछ नहीं देखा।"

दरबार का वह मंज़र, ज़ैनब की यज़ीद को झाड़ तारीख़ का एक बहुत अहम अध्याय है। उन ख़ुतबों को पढ़कर महसूस होता है कि अगर भाई की जंग में बहन शाना-ब-शाना खड़ी न होती तो उस दौर में सच सामने कभी न आता। रेगिस्तानी इलाक़ा, सवारी की सहूलियतें नहीं, ऐसी हालत में सबकुछ डूब जाता मगर ज़ैनब की ग़र्ज़दार, एतमाद से भरी आवाज़ और मन्तक़ी जुम्लों के तर्क और तथ्य ने सबकी आँखें खोल दीं।

वह आवाज़ गर्म सहरा में ऐसी गूँजी कि उसकी प्रतिध्वनियाँ लगभग पन्द्रह सौ साल बाद आज भी गूँज रही हैं। उनकी आवाज़ में आज की करोड़ों औरतों की आवाज़ घुल-मिल गई जो इसी तरह के हादसों से दो-चार हो तन्हा अपनी जंग लड़ती और जीतती हैं।

जनाबे ज़ैनब सिर्फ़ अक़ीदा नहीं हमारी इनसानी नैतिकता और मर्यादा की तारीख़ हैं। हमारी तरह ही गोश्त-पोस्त से बनी एक इनसान थीं। जिन्होंने ज़ुल्म और सितम के, बेईमानी और अय्याशी, गुनाह और हक़तलफ़ी के ख़िलाफ़ आवाज़ उठाई और ग़लत के आगे सिर न झुकाने की अपनी बसारत को एक रिवायत का नाग दे टाला। बहन-भाई की मोहब्बत, उन्स को जावेदाँ बनाया। तारीख़ में ऐसी मिसालें मिलना मुश्किल है जहाँ भाई भी बहन पर जान छिड़कता हो और बहनें, सिर्फ़ भाइयों से प्यार न कर उनकी लड़ाई को भी सरेअंज़ाम पहुँचा, ख़ानदान के सम्मान को बरक़रार रखती हों।

यहाँ पर मैं जनाबे ज़ैनब की उस बर्बादी और लावारिसी के हालात को शेर की ज़बानी आपके सामने रखना चाहूँगी, जब वह सहरा में बहत्तर फैली लाशों में, जिनमें उनके दो किशोर अवस्था के बेटे भी शामिल थे, जो शहादत को गले लगा चुके थे, अपनी हिफ़ाज़त के लिए केवल हाथ में पकड़े क़लम छीलने के चाकू को लेकर वह अपनी खोई नन्ही भतीजी को बियाबान में फैले अँधेरे में, लाशों के बीच ढूँढ़ती हैं जो अपने बाबा हुसैन की बिना सिर की लाश से लिपटी मिलती है।

दोनों भाइयों की लाशों के पास जा कहती हैं जिसमें जंग के अलमबरदार (सिपहसालार) अब्बास थे—

जो फरायज़ मुतालिक थे तुम्हारे अब्बास
उनका बोझ अब मेरे कन्धे पे है प्यारे अब्बास
बारे ग़म इसके अलावा है, दबी जाती हूँ
दो सहारा मुझे उठकर कि झुकी जाती हूँ

फिर हुसैन से कहती हैं—

तरबियत याफ़्ता या शाहे ज़मन आपकी हूँ
यह समझ लीजिए भैया कि बहन आपकी हूँ

रात के सन्नाटे में ज़ैनब अपनी माँ की रूह से हमकलाम होती हैं और सारी बातों की इत्तिला देती हुई कहती हैं—

अब न बेटे हैं न पोते हैं न नवासे अम्माँ
लड़े दो लाख से दोरुज़ के प्यासे अम्माँ
ऊँचा हाशिम के घराने का बहुत नाम किया
आज तो आपकी बहुओं ने बड़ा काम किया
अपनी मांग आपके कुनबे पे निछावर कर दी
अरक़े शर्म से ज़ैनब की ज़बी तर कर दी
जो भी पूँजी थी पै बख़्शीशे उम्मत दे दी
आपके दूध के हर क़तरे की क़ीमत दे दी
अब मैं समझी कि थी तदबीरे शिफ़ाअत प्यारी
बढ़ के बेटे से भी थी बाप की उम्मत प्यारी
शिकवा क्या लुट जो गया खेमा-ए-अस्मत अम्माँ
थी वह मीरास नबी, ले गई उम्मत अम्माँ

फिर क़ैद में अपने गले और हाथ-पैर में पड़ी ज़ंजीरों को देखकर माँ से कहती हैं—

देखिए दस्तो गुलू की मेरी ज़ीनत अम्माँ
क्यों न यह तौक यह कंगन मुझे प्यारा होगा
आपने यूँ न कभी मुझको सँवारा होगा

अन्तिम अहम बात।

आज हम जिस भ्रष्टाचार के ख़िलाफ़ मोर्चाबन्द होना चाहते हैं और जो शिकायतें एक नागरिक के नाते हमें हैं उनको आप ज़ैनब के दिए ख़ुतबों में पढ़कर दंग रह जाएँगे और महसूस करेंगे कि यह दुनिया तो पहले भी ऐसे लोगों से भरी थी जो आज की तरह अवाम का हक़ मारने और उनके हिस्से की रोटी छीनने को अपना जन्मजात अधिकार समझते हैं और उनके विरोध में खड़े लोग तारीख़साज़ बनते हैं।

अब हमारे सामने एक अहम सवाल आन खड़ा होता है कि औरत पिता, भाई या शौहर के बाद क्यों ज़िन्दगी की ज़िम्मेदारियाँ सँभाले? जब वह इसकी अहल है तो उसको दूसरी सफ़ में न खड़ा कर पहली सफ़ में खड़ा होना चाहिए और इस मौजूदा स्थिति में बिगड़ैल दुनिया को सँवार सके। कई तरह की तब्दीली वजूद में आएँगी जैसे जंग और फ़साद की जुनूनी सियासत पूरी तरह ख़त्म न सही तो उसमें कमी ज़रूर आएगी।

दूसरे, महँगाई और मिलावट का ख़तरनाक धन्धा ठप हो जाएगा।

तीसरे, बच्चों और बूढ़ों पर होते ज़ुल्म पर रोक लगेगी।

चौथा, वे औरत-मर्द जो समाज और परिवार में अपने अवगुणों के कारण और चालाकी के कारण कलह और शॉर्टकट अपनाते हैं, उनकी नकेल कसी जाएगी।

पाँचवाँ, लड़के और लड़की को समान अधिकार से जीवन जीने का अवसर गिलेगा।

यह कुछ ख़्वाहिशें हैं जो किसी भी इनसान के दिल की हो सकती हैं, जिन्हें पूरा करने का मौक़ा उन्हें दिया जाना चाहिए ताकि इस दुनिया का चेहरा सँवर जाने की आशा बँधे।

सभी जानते हैं ज़ुल्म के ख़िलाफ़ ख़ामोशी एक जुर्म है।

—नासिरा शर्मा

औरत की आवाज़

किश्वर नाहीद

पाकिस्तान

किश्वर नाहीद पाकिस्तान की एक ऐसी कवयित्री हैं जिन्होंने सरकारी नौकरी के बावजूद अपने तेवर कभी नीचे नहीं किए। मर्दों के शाना-ब-शाना काम करते हुए भी उन्होंने अपने वर्ग की मजबूरियों से नाता नहीं तोड़ा। उनकी पुस्तक 'औरत' जो सिमोन द बोउवार की पुस्तक 'द सेकेंड सेक्स' का अनुवाद भी है और एक तरह से उनका शोध-ग्रन्थ भी है, जिसमें उन्होंने पाकिस्तानी औरत की समस्याओं को फ्रेंच औरत की समस्या के स्थान पर रखकर पुस्तक को न केवल पाकिस्तानी औरत की मूल कठिनाइयों से जोड़ा है बल्कि उसको एक नया आयाम भी दिया है, जो एक तरफ़ औरत की आपसी दूरियों को कम करती है और दूसरी तरफ़ उनकी असीमित समस्याओं को एकता के सूत्र में बाँधती है। किश्वर बुनियादी रूप से एक कवयित्री हैं। उनके कई संग्रह प्रकाशित हैं। उन्होंने विश्व भ्रमण कर अपनी दृष्टि को अधिक पैना और बुद्धि को प्रखर बनाया है। उसका प्रभाव उनके लेखन में झलकता है। उनकी आत्मकथा 'एक बुरी औरत की कहानी' महत्त्वपूर्ण है।

किश्वर से मेरी यह तीसरी मुलाक़ात 1987 में लाहौर में हुई। पहली मुलाक़ात तब हुई जब मैंने टेलीविज़न के लिए उनका इंटरव्यू 1985 में लिया था। उनसे पहले भी औरत को लेकर कई स्तर पर भारत में बात हो चुकी थी। कुछ उसी तर्ज पर हमने बातें शुरू कर दीं। कहाँ से शुरू हुई थीं यह याद नहीं परन्तु बीच में हमने टेप ऑन कर दिया और वही अंश सामने हैं :

न इज़्ज़त समझती हूँ न आज़ादी

नासिरा शर्मा : औरत के लिए 'मारेलिटी' शब्द का इस्तेमाल अक्सर व पेश्तर होता रहता है और मैं अक्सर सोचती हूँ कि यह कौन-सा रिश्ता है जो उसका इस शब्द से जुड़ा हुआ है?

किश्वर नाहीद : हाँ, औरत से बारहा कहा जाता है कि 'मारेलिटी' में रहिये! मर्द कमाता है और औरत उसकी ख़िदमत करती है। यही सोशोलॉजी है, यही इक्वालिटी है और यही मारेलिटी है। उसमें इक्वालिटी या इमोशनल और सोशल इक्वालिटी का सवाल आउट ऑफ़ क्वेश्चन है, चाहे समाज पश्चिम का हो या पूर्व का हो, चाहे समाजवादी राष्ट्रों का हो। जब मैं सोवियत संघ गई तो मैंने यह सवाल किया था कि समाजवादी राष्ट्र की बुनियाद वर्गहीन समाज पर है और वह वर्गहीन समाज कैसा होगा जिसमें अभी तक सेक्सलेस सोसाइटी व्यावहारिक रूप से वजूद में नहीं आई है? वो कहने लगे आपका मतलब? मैंने कहा आपके यहाँ कम्यूनिस्ट पार्टी ऑफ़ वीमेन अलग है और कम्यूनिस्ट पार्टी ऑफ़ मैन अलग है। कहने लगे औरतों को विशेष समस्याएँ होती हैं। मैंने कहा अगर मैनसुरियल पीरियड औरतों के खुसूसी मसायल होते हैं तो मर्द के लिए रोज़ दाढ़ी बनाना होता है। औरत के लिए महीने में एक दफ़ा समस्या होती है मगर मर्द के लिए तो यह मसला रोज़ का है। किसी नेचुरल फ़ेनोमिना को, आप ज़िन्दगी में कठिनाई सोचें या फिर बच्चे की पैदाइश ज़िन्दगी को आगे ले जाने के प्रोसेस का नाम है जो बहुत बड़ी प्रक्रिया है। अगर दुनिया की औरतें फ़ैसला लें और सोच लें कि मैं बच्चे पैदा नहीं करूँगी तो यह दुनिया किस मुक़ाम पर पहुँच जाएगी? अगर दुनिया इसी तरह तंग करती रही तो मुमकिन है कि एक समय पर आकर सारी दुनिया की औरतें यह फ़ैसला करने पर मजबूर हो जाएँ। यह भी है कि उसके बच्चे की पैदाइश के क्रम को औरत के लिए रुकावट और उसका ड्राबैक की तरह पेश किया जाता है, हालाँकि यह

तुम्हारी-मेरी ज़िन्दगी के सामने की सच्चाई है कि कोयला चुनने वाली, ईंटें ढोने वाली, भट्टे पर काम करने वाली, बर्तन धोने वाली, पाँव दबाने वाली—यह सारी औरतें इधर बच्चा जनती हैं उधर आप ही ख़ुद अपनी औल साफ़ करती हैं और फिर काम में जुट जाती हैं। क्या वे मेरी-तुम्हारी तरह औरत नहीं हैं? सिर्फ़ यह कि उनको नख़रा करना नहीं आता है! और उनका नख़रा उठाने वाला कोई शख़्स उनके काम के रास्ते में रुकावट डालने की इसलिए कोशिश नहीं कर सकता क्योंकि दोनों को मेहनत से सूखी रोटी मिलती है। उधर अमरीका को देख लो कि वहाँ एक ही तरह की तनख़्वाह पर काम करने वाली औरत को एक तरह की पोस्ट पर रहने के बावजूद आधी तनख़्वाह मिलती है जबकि मर्द को पूरी तनख़्वाह मिलती है और जो औरत सुप्रीम कोर्ट जाकर फंडामेंटल राइट्स के तहत मुक़दमा करती है उसको पूरी तनख़्वाह मिल जाती है, जो नहीं कर सकती है वह आधी तनख़्वाह पर नौकरी किए जा रही है।

नासिरा शर्मा : विश्व के पहले लिखित क़ानून के कुछ अंश सिब्ते हसन की किताब 'माज़ी के मज़ार' में पढ़े और मुझे ताज्जुब हुआ कि सदियों पहले औरत के लिए 'हरजाई' शब्द का प्रयोग हुआ जिसका चलन आज विकास के बावजूद भी ज्यूँ-का-त्यूँ है। यूँ भी कह सकती हूँ कि जो क़ानून उसके लिए तब बना था वह आज भी उसी तरह रिवाज में है। औरत उससे मुक्त नहीं हो पाई है। ज़माना कहाँ का कहाँ पहुँच गया मगर उसको वफ़ा की कसौटी पर कसने की रीत वही पुरानी रही।

किश्वर नाहीद : इसलिए कि जितने क़ानून बनते हैं दरअसल जब से पैतृक सत्ता वजूद में आई वे सारे क़ानून पचास फ़ीसदी आबादी ने, पचास फ़ीसदी आबादी के लिए बनाए। बाक़ी पचास प्रतिशत जिसमें औरतें शामिल हैं, न क़ानून बनाते हुए वह मर्दों की नज़रों में थी न अप्लाई करते हुए उनके ध्यान में। जितना ज्ञान अपने विकसित रूप में है, अपने शोध के बावजूद इस दुनिया में मौजूद है उस ज्ञान-विज्ञान की बुनियाद ग़र्ज़ कि उनका सारा ज्ञान 50 प्रतिशत (पुरुष वर्ग) पर आधारित है और वही उनका केन्द्रबिन्दु है, बाक़ी तो डार्क कांटीनेंट समझकर हमेशा छोड़ दिया गया है। और उसको कभी शामिल ही नहीं किया गया। कुछ दिनों पहले मैंने बलात्कार पर कुछ काम शुरू किया था। करना था मगर सच जानो बलात्कार पर कुछ भी मैटर नहीं मिला। सबसे पहले रेग पर शोध दो मनोवैज्ञानिकों ने चालीस-पचास के दरमियान किया, लेकिन आपको फ्रायड के यहाँ रेप का कहीं ज़िक्र नहीं मिलता।

उसको मर्द लिंग मनोविज्ञान ने इस तरह अपने वश में कर रखा है कि उसको इस बात का ज़रा भी अहसास नहीं होता है कि पुरुष लिंग क्या करता है? उसको क़तई मालूम नहीं। फिर मुझे अन्दाज़ा हुआ कि रेप तो औरत होती है फिर उसके बारे में मर्द क्यों सोचें? हरजाई होने का भी और आशिक़ होने का भी दावा तो मर्द को है।

नासिरा शर्मा : मेरा ख़याल तो यह है कि मर्द औरत को प्यार करना भी अपनी पसन्द और शर्तों पर अपने अन्दाज़ से सिखाता या यूँ कहूँ उसको इजाज़त देता है कि मुझसे मिलना है तो यूँ मिलो और मुझे हासिल करना है तो यूँ करो वरना मैं टिकने-रुकने वाला नहीं हूँ। वह इश्क़ में...

किश्वर नाहीद : देखिए औरत से इश्क़ नहीं करता मर्द । इसलिए इश्क़ तो बराबर के इनसानों के बीच में होता है। ग़ुलाम और आक़ा (मालिक) में यह इश्क़ नहीं होता। वह जब उसको बराबरी की ज़मीन नहीं देता तो मैं ईमान से कहती हूँ कि वो उसको इश्क़ नहीं करता। हवस कर ले, फ़्लर्ट कर ले, मगर इश्क़ नहीं करता।

नासिरा शर्मा : हमारे सामने मर्द-औरत के आपसी रिश्ते में बराबरी का पैमाना क्या होगा यह तो मर्द-औरत ही तय कर पाएँगे।

किश्वर नाहीद : बराबरी यह है कि यदि एक वक़्त मैं उसके पैर दाब दूँ तो दूसरे वक़्त वह भी मेरे पैर दाब दे। एक वक़्त मैं उसके कपड़े इस्त्री कर दूँ तो दूसरे वक़्त वह मेरे कपड़े इस्त्री कर दे। यदि मैं खाना बनाऊँ तो वह कम-से-कम प्लेट ही उठाकर रख दे। तराज़ू के दोनों पल्ले बराबर होने चाहिए। यह नहीं कि बिस्तर पर सोना उसका काम है और लपेटना मेरा।

नासिरा शर्मा : चलिए रोज़मर्रा के काम में बराबरी हो गई, मगर यह बराबरी तो लवमेकिंग में भी होनी चाहिए। इज़हार और ख़याल में तो हो, जहाँ औरत अपने मर्द के साथ हर इज़हार में स्वतंत्र हो मगर उसको आज़ादी नहीं दी जाती है।

किश्वर नाहीद : हाँ, बिलकुल होनी चाहिए। दुनिया के सारे मर्दों ने ये कैसे सोच लिया कि Erection उनका मसला है और उसके अलावा उनको एक प्याला मिला हुआ है जिसको वो जिस तरह जब चाहें अपनी सहूलियत के मुताबिक़ इस्तेमाल कर लें! उन्होंने कभी नहीं सोचा कि जिस औरत से उनका वास्ता है उसका भी मु-ए-बदन, उसका भी वजूद, उसकी भी रग कोई मुतालबा, कोई माँग करता है।

तुम्हें पता नहीं वास्ता पड़ा है या नहीं मगर मैंने बहुत-सी औरतों से बातें की हैं। जब मैंने सिमोन द बोउवार की पुस्तक अनुवाद की और ढेरों औरतों से बातें की, ख़ुद सिमोन ने भी लिखा है कि दुनिया की 70 प्रतिशत औरतों को पता नहीं है कि इजेकूलेशन (Ejaculation) क्या होता है। इन औरतों से कोई नहीं पूछता कि तुम्हारा जी कर रहा है या नहीं कर रहा है, वह तो मर्द की मर्ज़ी की पाबन्द होती है। अगर वह कहे भी कि जी नहीं कर रहा तो उन्हें पता है कि ज़हर में बुझा हुआ यह सवाल आएगा कि तुम्हारा जी किसके साथ करता है और ऐसे कटाक्ष से डरकर वह कुछ नहीं कहती और हमारी ब्याहता औरतें अपने ही शौहरों से रेप होती रहती हैं।

नासिरा शर्मा : हम ऐसा सोचते हैं तो एकतरफ़ा हुआ, आप क्या सोचती हैं कि मर्द भी क्या इन मुद्दों पर संवेदनशील होकर या सूक्ष्म दृष्टि से ऐसी बारीक़ी पकड़ पाते हैं? क्या मर्द को ख़ुद अपने बारे में पूरी मालूमात और अहसास के स्तर पर जागरूकता है?

किश्वर नाहीद : जब कोई रिलेशनशिप ही नहीं बनती तो मालूम कैसे होगा?

नासिरा शर्मा : उसका बलात्काराना अन्दाज़ यह भी तो बताता है कि न उसको सेक्स के बारे में पूरा ज्ञान है न उसको ज्ञान देने की कोई कोशिश हमारे यहाँ मौजूद है, तब सारा आरोप एकतरफ़ा हो उठता है।

किश्वर नाहीद : रिलेशनशिप हो तो औरत उसको समझा सकती है।

नासिरा शर्मा : सब कुछ वहशियाना होता है।

किश्वर नाहीद : इसलिए है कि हमारे यहाँ सेक्स एजूकेशन नाम की चीज़ है नहीं तो उस समय तक जिबिल्लत आपको वहशत सिखाती है। जब दुरुस्त एजूकेशन नहीं दी जाती तो मालूमात का दायरा ब्लू फ़िल्म होती है जो आपको जंगलीपन सिखाती है। वह आपको सस्टेनिंग पावर और अंडरस्टैंडिंग नहीं सिखाती है और तब एक ही मसला होता है कि कैसे Ejaculate करे और कोई मसला नहीं होता है कि आप दूसरे को कैसे अंडरस्टैंड करें या फिर अपने आपको कैसे अंडरस्टैंड करें!

नासिरा शर्मा : यह भी देखने में आया है जो लिखा हुआ भी सामने है जैसे फ़ारसी की कवयित्री फ़रोग़ फ़र्रुखज़ाद ने औरत-मर्द के बेहद बारीक़ और लतीफ़ अहसास

को अपनी शायरी में जगह देकर 'गुनाह' शब्द को जो दार्शनिक एवं इबादत का अहसास दिया है वह अपनी जगह महत्त्वपूर्ण है। दुनिया में रोटी और सेक्स दो ही इनसान की बुनियादी ज़रूरत मानी गई हैं। किसी एक के न मिलने से मनोविकार एवं ग़लत आदतें पड़ जाती हैं क्योंकि दोनों की भूख का शान्त होना अपनी जगह बेहद ज़रूरी है। हमारे जिस्म की बनावट की वह पहली माँग है। लेकिन देखने में आता है कि इस माँग को लेकर औरतें ज़्यादा ईमानदार होती हैं और अहसास का जुड़ाव ज़रूरी समझती हैं।

किश्वर नाहीद : इसमें बहुत-सी रिलेटिव बातें हैं। बालज़ाक ने तो कहा भी है। जिबिल्लत इस तरीक़े से है कि आप उसकी तरबियत करें तो यह दो निवाले में भी भर जाती है और दस रोटियाँ भी नाकाफ़ी होती हैं। कभी नीम वहशी शख़्स को खाना खाते देखो वह दस रोटी से कम पर राज़ी नहीं होता क्योंकि उसको ज़िन्दगी की सारी लज़्ज़त उसके ज़बान, पेट को भरने से आती है। जो लोग ज़हनी तौर पर कुछ सोचते-समझते हैं, अपने दिमाग़ को दूसरी तरफ़ वाबस्ता करते हैं उनके लिए कुल ज़रूरत जिन्स नहीं रह जाती, वो अपने एक्सप्रेशन को, अपनी बात को, इल्म को कई जगह इसी तरह एसेमूलेट करते हैं जैसे लोग अपने बदन को एसेमूलेट करते हैं। एक्सप्रेशन भी तो Ejaculation का एक रास्ता है। ज़रूरी नहीं कि हर वक़्त आपके ऊपर सवार वह रहे? आपकी ज़रूरत इतनी बढ़े? बचपन व जवानी में वो ज़रूरत होती है पर उम्र के गुज़रने के साथ-साथ आप अपने आपको ट्रेंड करते हैं। बर्दाश्त में भी, हौसले में भी। फिर ये कि गन्दगी के ढेर में आपका सोना भी गिरे तो आपको उठाते हुए थोड़ी-सी कराहत होती है। कई दफ़ा उधर जाने से झिझकते हैं। औरत-मर्द के रिश्ते में जो बात बुनियादी है और दुनिया को उसकी ज़रूरत है—वह है एक-दूसरे की इज़्ज़त करना और एक-दूसरे को समझना। इनसान ने क़ायनात को समझने की कोशिश बहुत की, कासमास को समझने की कोशिश की, एटम के ज़र्रे को समझने की कोशिश की मगर जो बन्दा उसके साथ एक छत के नीचे रहता है उसको समझने की कोशिश से वह डरता है।

नासिरा शर्मा : दोनों के बीच जब बराबरी ही नहीं है तो वह समझेगा क्या! यहाँ मैं जानना चाहूँगी कि वाक़ई औरत-मर्द की बनावट में फ़र्क़ है या फिर यह सिर्फ़ हमारी ट्रेनिंग देने का नतीजा है जो हमने औरतों पर शताब्दियों से लादी हुई है?

किश्वर नाहीद : वैसे सैक्रेटिस्ट तो यह साबित कर चुके हैं कि औरत का स्टैमिना पावर और सस्टेनिंग मर्द से ज़्यादा है।

नासिरा शर्मा : यह अपनी जगह पर है मगर यहाँ सवाल दूसरा है कि औरत जब जुड़ती है तो वह पूरे वजूद के साथ, मगर मर्द ऐसा क्यों नहीं कर पाता जबकि अपवाद भी इस सिलसिले से मौजूद है तो भी वह सम्बन्धों का दायरा अनेक में रखता है। मैं इसको बाइलॉजिकल न समझकर दिमाग़ से जुड़ा मानती हूँ कि मर्द ने अपनी आज़ादी इस सिलसिले में हासिल कर ली है। उसने सीमा नहीं रखी जबकि औरत की सरहदें बाँध दी गई हैं और इन बातों के लिए अनेक तर्क, तथ्य और परिभाषा गढ़ ली हैं।

किश्वर नाहीद : यह सिर्फ़ कैलोपैटरा की बात नहीं है। औरतें भी आज बहुत बदल गई हैं। ये तो अपनी-अपनी उड़ान की बात है। जो परिन्दा खुला हो तो कभी इस डाल पर कभी उस डाल पे। और जो परिन्दा पिंजरे में पला हो तो जब आप उसके पिंजरे की खिड़की खोलती हैं तो गर्दन निकालकर फिर वापस अन्दर को जाता है। उसे खुली हवा से ख़ौफ़ होता है। तो सारी दुनिया ने औरत की माशरत ये रखी कि मर्द तो अललबछेरा है कि हाथी फिरे गाँव-गाँव जिसका हाथी उसका नाम! परवीन शाकिर ने तो यह भी कह दिया था कि : “वो जहाँ गया तो वापस मेरे पास आया, यही बात एक अच्छी है मेरे हरजाई की” तो औरतों ने इसे पसन्द ही करना शुरू कर दिया इसलिए औरत ने जब जंग नहीं होने दी तो फिर उसने यह समझना शुरू कर दिया कि जितनी औरतों को मैं तफसीर कर दूँ उतना ही बड़ा मर्द हूँ। अपनी नुक्ता-ए-नज़र से तफसीर करना!

नासिरा शर्मा : यह सारे मुद्दे हैं जिनकी हम दिमाग़ी स्तर पर विवेचना कर लेते हैं अपने नज़रिए और सोच के मुताबिक़। लेकिन कुछ गुत्थियाँ ऐसी हैं जो विशेष परिवेश के बदलते परिप्रेक्ष्य के कारण जन्म लेती हैं जो अल्पकालिक होती हैं और अपना पूरा स्वरूप भी धारण नहीं कर पातीं परन्तु अहसास की ज़मीन पर पीड़ा का आकार ज़रूर ले लेती हैं। जैसे एक औरत बहुत पढ़ी-लिखी समझदार हो सकती है, बड़ी मज़बूत भी हो सकती है, इत्तफ़ाक़ से उसका इनवाल्वमेंट किसी मर्द से बहुत गहरे स्तर पर हो जाता है और उसके पास आज़ादी भी है चार-पाँच मर्दों के साथ सम्बन्ध बनाने की मगर उसकी रुचि इधर-उधर न जाकर उस मर्द विशेष से

गहरे इमोशनल लेवल पर बनती है और अपनी पूरी 'चाहत' और विवेक से उसे भावना के स्तर पर जीती है। मगर वह पुरुष उसे प्राप्त नहीं हो पाता है। यह मसला सोच के स्तर पर मुझे अक्सर उलझाता है कि एक तरफ़ आप आज़ादी चाहते हैं, उसका पूरा लुत्फ़ उठाना चाहते हैं और दूसरी तरफ़ आप आज़ादी हासिल नहीं कर पाते हैं। जबकि आप हर तरह से अर्थात् आर्थिक, सामाजिक, व्यक्तिगत स्तर पर सक्षम हैं। तब आपका कौन-सा क़ानून है, कौन-सा फ़लसफ़ा है, कौन-सा मंत्र, कौन-सी जड़ी-बूटी है जो उसका प्यार उसे दे दे! एक तरफ़ तो हम पूरी आज़ादी चाहते हैं और उस आज़ादी में हम ज़िद्दी हो उठते हैं कि हम एक ख़ास आदमी...

किश्वर नाहीद : जिस मायनों में तुम आज़ादी शब्द का इस्तेमाल कर रही हो जो मैं समझ रही हूँ आज़ादी का मतलब न तवायफुल-मुलकी होता है, ना बेराहरवी होता है, न बेलगामी होता है, न बदचलनी होता है, न बदकिरदारी होता है। आज़ादी का मतलब होता है आप अपने शऊर, अपने ज़हन, अपने विजदान, अपने लॉजिक के मुताबिक़ किसी एक लाएअमल को अपने सामने रखते हैं। आज़ादी का मतलब यह नहीं होता है कि यदि एक मर्द पाँच औरतों के पीछे जाता है तो एक औरत भी पाँच मर्दों के पीछे जाए। जो चीज़ बुरी मर्द के लिए है वो औरत के लिए भी है। मैन-वीमेन रिलेशनशिप का मतलब फ्री-सेक्स सोसाइटी या फ्री फॉर ऑल नहीं बल्कि मैन-वीमेन के रिलेशन का मतलब यह है कि आप सिंसियारिटी ऑफ़ रिलेशनशिप को मद्देनज़र रखें। चीटिंग जो है इज़ बैड, आइदर बाई मैन ऑर बाई वीमेन!

नासिरा शर्मा : मान लिया कि चीटिंग यदि हो गई तो भी इमोशनल प्रॉब्लम तो रहा, चाहे मर्द की तरफ़ से, चाहे औरत की तरफ़ से।

किश्वर नाहीद : यदि यह नहीं हुआ तो ज़िन्दगी 'स्टैंडस्टिल' हो जाएगी।

नासिरा शर्मा : अगर जीवन स्टैंडस्टिल नहीं है तो भी ऐसी समस्याओं से घिरे मर्द-औरत को क्या करना चाहिए क्योंकि समस्याएँ सदा नयापन लेकर आती हैं। वह किसी नियमावली पर चलने के लिए मजबूर नहीं की जा सकती है, संवेदनाओं का मूल स्रोत उनकी मासूमियत होती है न कि नैतिकता का बनाया हुआ समझा-बूझा तराज़ू!

किश्वर नाहीद : ऐसे में एक डायलॉग हो सकता है! जब सिमोन द बोउवार किसी

अन्य मर्द के साथ कहीं और इनवाल्व्ड हो गई थीं सार्त्र के पास से अमेरिका चली गईं और उस मर्द के साथ ढाई-तीन साल रहीं फिर वह फ़ेडअप हो गईं। उन्होंने सार्त्र को फ़ोन किया, मुझे उसके साथ रहना अच्छा नहीं लग रहा है, मुझे तुम फिर याद आ रहे हो और मैं चाहती हूँ कि हमारी एकुएशन फिर वैसी ही हो जाए, तो सार्त्र ने कहा कि मुझे तुम्हारे तजुर्बे करने से कोई गुरेज़ नहीं था। तुमने तजुर्बा किया, सार्त्र ने भी तजुर्बे किए थे। तुम आना चाहती हो, आ जाओ। वह वापस आ गईं और मरते दम तक वे साथ रहे। उन्होंने शादी नहीं की थी। उन्होंने कहा था कि औरत-मर्द का रिश्ता जब मियाँ-बीवी के रिश्ते में तब्दील होता है तो एक तरह की ग़ुलामी ख़ुद-ब-ख़ुद जन्म ले लेती है। उस रिश्ते की फ़िज़ा पर कुछ नहूसत तारी हो जाती है। हम अपने रिश्तों को आज़ाद रखने के लिए साथ-साथ रहेंगे पर शादी नहीं करेंगे। तो ये बातें सिर्फ़ इनके बीच नहीं हुईं, बहुत-से लिखने वालों में आपको मिलेंगी। जैसे टेरेन टामस व उसकी बीवी के साथ हुआ। ऐरिकायाम ने अपनी ज़िन्दगी के हवाले से लिखा है जो आपके सामने है। डेलिस वाकर ने लिखा है। यदि औरत-मर्द में अंडरस्टैंडिंग हो और वह एक-दूसरे को चाहते हों, एलिजाबेथ और रिचर्ड बर्टन की दो दफ़ा शादी हुई और दो बार अलग हुए। बाक़ायदा बातचीत हुई थोड़ा-सा एक-दूसरे को समझने की और नानइमोशनल सतह पर बातचीत करने की रीत जो पश्चिम में है थोड़ा-सा अपने यहाँ लाना पड़ेगा हम लोगों की सस्टेन एफर्ट से!

नासिरा शर्मा : एक बात मैं अक्सर सोचती हूँ कि मोहब्बत और अंडरस्टैंडिंग की जो बात हम अक्सर औरत-मर्द के सम्बन्ध में करते हैं वह अपनी जगह ठीक है मगर उस समझ और प्यार की ज़मीन तब कैसे दरक जाती है जब जोड़े में से एक आदमी चाहे वह मर्द हो या औरत 'कमज़ोर पल' से टकराता है। टकराने जाता नहीं है। न ही वह अनुभव जानबूझकर करने जाता है मगर परिवेश के असर से वशीभूत हो उसको कोई ख़ूबसूरत इनसान अच्छा लगने लगता है और उसका बदन जाग जाता है और उससे 'गुनाह' घट जाता है। यह 'पाप' मैं मौलवियों द्वारा प्रयोग किए गए अर्थ में नहीं ले रही हूँ। बहरहाल मान लें कई लोगों की ज़िन्दगी में यह 'ख़ूबसूरत पल' आया और फिर वह दोबारा सारी ज़िन्दगी उस शख़्स से नहीं मिले, न उन्होंने ज़बान खोली न किसी को कानोंकान ख़बर हुई, सब ठीक-ठाक चलता रहता है, मगर जैसे ही यह सूचना मिली यह 'बुरा हादसा' इतना हृदय-विदारक बन सम्बन्ध के टूटने की कगार पर पहुँच जाता है कि उस समय ऐसे पीड़ित जोड़ों को

देखकर मेरे दिमाग़ में अक्सर प्रश्न उठता है कि उस गहरे मानवीय सम्बन्ध का, जो प्यार के हिंडोले पर बरसों तक झूलता रहा और अब भी झूलने को तैयार, वह कैसे एक मामूली घटना से तहस-नहस हो उठा है, आख़िर क्यों? इनसान की बनावट में ऐसा क्या है? जबकि शुरुआत में यह नर-नारी सम्बन्ध इतने 'ओपन' थे कि कौन किसकी औलाद है इसकी चेतना या अधिकार भाव नहीं था। ईर्ष्या नहीं थी। यहाँ पर एक बात और साफ़ करना चाहती हैं कि मैं उस सम्बन्ध की बात नहीं कर रही हूँ जब पत्नी या पति अपने जीवनसाथी के रहते, उससे सम्बन्ध मधुर होने के बावजूद दूसरों से सम्बन्ध स्थापित कर लेते हैं। वह अलग समाजशास्त्र या संवेदना की गुत्थी है मगर यहाँ मैं अकस्मात कुछ घट जाने की बात लेकर इस गिरह को खोलना चाहती हूँ कि कौन-सी मानवीय भावना है जो अमानवीय बन जाती है?

किश्वर नाहीद : यह इंडिविजुअल टू इंडिविजुअल मामला है।

नासिरा शर्मा : ज़्यादातर देखने में ऐसा ही आता है, बहुत कम ऐसा होता है जहाँ आप कह सकती हैं कि यह पर्सन टू पर्सन समस्या है मगर ज़्यादातर ऐसा क्यों होता है?

किश्वर नाहीद : ज़्यादातर हमारे यहाँ इसलिए होता है कि...

नासिरा शर्मा : देखिए, सिर्फ़ हमारे यहाँ नहीं होता है। मैंने अभी तक जितने समाज देखे हैं हर जगह बात आकर यहीं अटकती है कि आप जिसको प्यार करते हैं उसको बाँटूँगा नहीं, विशेष रूप से शरीर के स्तर पर...वहीं पर गुनाह होता है, वहीं पर ज़नाकारी होती है।

किश्वर नाहीद : ज़ना वहाँ नहीं होता। ज़ना तो वहाँ होता है जहाँ पर मर्द-औरत का रिश्ता ज़बर्दस्ती किया जाए। जिसको मुशताहिर किया जाए वह ईमानदारी नहीं होगी, जहाँ ईमानदारी नहीं होगी वहाँ ज़बर्दस्ती होगी। शेयर न करने का जो एलिमेंट है, तभी मैंने कहा आज़ादी का मतलब बेलगाम बदकिरदारी नहीं है। जानवर भी एक ख़ास क़िस्म का रिश्ता, ख़ास ज़माने में बच्चे पैदा करने की ज़रूरत के लिए सेक्स रिलेशन बनाता है। ये सिर्फ़ अकेली इनसानी नस्ल है जो 'प्लेज़र' के लिए पैदा की गई और जिसमें प्लेज़र के लिए इस रिलेशनशिप की बुनियाद है, उसके प्लेज़र से एक आम बाज़ारी सतह पर लाना बज़ाते ख़ुद एक सायबेअमन नहीं है।

जैसे कम्प्यूटर में आप ख़ुद जो फीड करते हैं वही आपको रिज़ल्ट देता है। बदन का कम्प्यूटर भी जिस फीडबैक से ट्रेन किया है आपको वही रिज़ल्ट देते हैं, आप कोई और प्रोग्राम डाल दीजिए जो उस कम्प्यूटर में उसका फीडबैक नहीं दिया है उसका रिज़ल्ट आपको नहीं मिलेगा।

नासिरा शर्मा : अक्सर व पेश्तर लोगों का ख़याल है कि सेक्स क्रियेटिव इनसानों की एक अहम ज़रूरतों में से है?

किश्वर नाहीद : हर एक के लिए है। इसलिए कि क्रियेटिव लोग उसे जानते हैं, फ़ील करते हैं, उसको समझते हैं, बाक़ी लोगों के लिए तो ऐसे है कि जैसे पानी का एक गिलास पिया या जैसे करवट बदल ली!

नासिरा शर्मा : इस दिशा में फ़न कितना मुतासिर होता है?

किश्वर नाहीद : फ़न का मुतासिर होना तो सोते-जागते हर लम्हा चलता रहता है यदि आपमें जज़्ब करने की सलाहियत है। ज़िन्दगी का अनुभव, उतार-चढ़ाव की हर चीज़ आप पर असर करती है। नहीं तो चिकने बदन पर पड़ी पानी की बूँद की तरह ढलक जाने वाली बात है।

नासिरा शर्मा : वह तो है कि फ़नकार सेंसेटिव होते हैं तभी वह अनुभव करते हैं और लिख पाते हैं लेकिन क्या फ़नकार के फ़न के लिए सेक्स एक बेहद ज़रूरी तत्त्व है? क्या काम-इच्छा और उसकी पूर्ति उसके फ़न में विशेष योगदान देती है?

किश्वर नाहीद : नहीं! हमने ये रोमांटिक एटीट्यूड्स रखे हुए हैं कि फ़नकार के लिए शराब पीना बहुत ज़रूरी है। फ़नकार के लिए बहुत-से इश्क़ करना बहुत ज़रूरी है। फ़नकार के लिए ग़ैर-ज़िम्मेदार होना बहुत ज़रूरी है। फ़नकार के लिए फ़्लर्ट होना बहुत ज़रूरी है। तो पुराने कुलिए जो चल रहे हैं वो अब बहुत हद तक दम तोड़ चुके हैं। वही फ़नकार चाहे अब ईस्ट में है चाहे वेस्ट में है वो नौकरी भी करता है। आठ घंटे काम भी करता है, वो सस्टेन फ़ैमिली भी रखता है। बाक़ी ज़िन्दगी की मशक़्क़तें भी सहता है और उसके साथ लिखता भी है। बर्ट्रेंड रसल ने इश्क़ भी किए और काफ़ी सारे इश्क़ भी किए, सात-आठ शादियाँ भी कीं, आख़िरी उम्र तक, सत्तर साल की उम्र में शादियाँ कीं और हर शादी को आख़िरी और इमोशनल शादी समझता रहा और अपने से बड़ी उमर की औरत से भी शादी की और अपने

से बहुत छोटी उमर की दोशीजाओं से भी, मगर उसके काम पर सेक्स से या इश्क़ से असर नहीं पड़ा। कभी-कभी आपकी शख़्सियत को सस्टेन करने के लिए कुछ इनफ़ोर्स चाहिए होती है। उस इनफ़ोर्स में इस चीज़ को भी एक हिस्सा बना सकते हैं। प्राइमरी फ़ोर्स नहीं कह सकते हैं। सप्लीमेंटरी फ़ोर्स सब चीज़ें होती हैं।

नासिरा शर्मा : इमोशन्स को आप क्या कहिएगा? अगर सेक्स को हम छोड़ भी दें तो जो 'मोहब्बत' लफ़्ज़ है जिसका सीधा रिश्ता जज़्बात से होता है, आप सोचती हैं कि वह 'जज़्बा' इनसान के लिए कितना ज़रूरी है जिसमें अचीवमेंट का अहसास है जुनूनी कैफ़ियत, क्या यह फ़नकार के लिए ज़रूरी जज़्बा नहीं है? यह इश्क़ किसी से भी हो सकता है, औरत से, मर्द से, किसी से भी...

किश्वर नाहीद : काम से हो सकता है, फ़न से हो सकता है, आपके नसबुलएन से हो सकता है, बहुत-सी चीज़ें होती हैं मगर यह कि आपमें जज़्ब करने की कैफ़ियत तो होनी चाहिए, यदि आपमें जज़्बे की कैफ़ियत नहीं है तो आप लकड़ी के आदमी हैं, चाहे आप साइंटिस्ट हैं। क्योंकि सिर्फ़ शायर होना या राइटर होना या पेंटर होने की बात नहीं है, मसला तो यह है कि आप जो भी हैं आपको बुनियादी तौर पर वह काम सीखना पड़ेगा जिसमें आपकी इनवाल्वमेंट अपनी इन्तेहा को हो, तभी आप कोई अचीवमेंट कर सकते हैं न।

नासिरा शर्मा : आप आज के मर्द के बारे में क्या सोचती हैं कि उसमें समय के साथ कोई बदलाव आया है जबकि औरत में ज़बर्दस्त परिवर्तन आया है? औरत पूरी तरह दिल व दिमाग़ के स्तर पर खिल गई है। उसमें मुखरता आई है। उसने अपने ऊपर लगे पहरे को अस्वीकार करना शुरू कर दिया है। वह सेक्स में लज़्ज़त चाहती है। संवेदना को वह उस मर्द के साथ बाँटना चाहती है जो उसकी भावना को समझ सके। अगर मैं संक्षेप में यूँ कहूँ कि आज की औरत अपनी इच्छाओं के प्रति जाग उठी है। उसकी यह सजगता उसको पहले से अधिक विवेकशील और हस्सास बना गई है। मुझे ईरानी कवि शामलू की एक मिसाल याद आ रही है कि कपड़ों की अलगनी पर अगर गिद्ध आकर बैठ जाता है तो कोई ध्वनि नहीं निकलती मगर कमरे के कोने में रखे सितार पर यदि मक्खी भी बैठ जाती है तो वह आवाज़ किए बिना नहीं रहता है। आज की औरत हर स्पर्श से बजना चाहती है। उसको मर्द की चाहत से इनकार नहीं। उसकी ज़रूरत को वह अपने जीवन में भरपूर महसूस

करती है, पुरानी औरत की तरह वह सब्र कर, अपने को विड्रा कर, धर्म-मज़हब के हवाले कर अपनी आदिम ज़रूरतों से आँख नहीं मूँद लेती।

किश्वर नाहीद : यह तुमने ख़ुद कह दिया कि वह विड्रा कर लेती थी इसीलिए जब कहीं से रिसपांस नहीं आती तो दीवार से तो नहीं टकराते न...तो फिर कहीं-न-कहीं इनवाल्वमेंट करनी होती है, जैसे—जैसे मज़हब...।

नासिरा शर्मा : यहाँ पर मैं कुछ और भी कहना चाहती हूँ कि ठीक है वह विड्रा कर लेती थी, आज की औरत भी विड्रा करती है जब तक उसको अपनी पसन्द का आदमी नहीं मिलता, जबकि पुराने ज़माने में औरत मजबूरी से या तो हार मान लेती थी या फिर बीच में अचानक कोई आ जाता था तो उसको पा लेती थी। यहाँ पर कल और आज की औरत में मुझे बड़ा बुनियादी फ़र्क़ नज़र आता है। इस नज़रिये को सामने रखकर मैं पूछना चाहूँगी कि आज के सुशिक्षित, प्रखर मर्द में क्या चेंज आया है?

किश्वर नाहीद : असल में यह जो तुमने कहा है कि पा लेती थी ऐसे ही हवा का झोंका पाने की सनद नहीं हुआ करती है। पुरानी औरतों को सिर्फ़ रिश्ते से पहचान की सनद मिलती थी। किसी की माँ, किसी की बीवी, किसी की बेटी, किसी की बहन, उसकी अपनी कोई शिनाख़्त, अपने नाम अपने वसीले अपनी ज़ात से नहीं होती थी। पहली चीज़ तो यह है कि उस औरत को पता ही न था कि मैं अपने आपमें भी कुछ हूँ। लेकिन आज के मर्द में और पुराने ज़माने के मर्द में भी बड़ी बातें बदली हैं, मसलन यह कि कल के मर्द को कुढ़ने का मौक़ा नहीं मिलता था जितना आज का मर्द कुढ़ता है। देखना तो वह चाहता है अपनी बीवी को अपनी माँ की सतह पर घर में घिसटते, काम करते, और दूसरी तरफ़ वह प्राइज़ लेना चाहता है एक आज़ाद और फ़ोर्सफुल इम्पोर्टेंट काम करने वाली ख़ातून के हसबेंड होने का।

नासिरा शर्मा : यहाँ पर मैं कहना चाहूँगी कि कभी-कभी बहुत अच्छे मर्दों को जिनकी बीवियाँ भी अच्छाई में उन्हीं की टक्कर की हैं, उनको मैंने बहुत बेकार-सी औरतों के पास जाते देखा है जो न शक्ल से न अक़्ल से, किसी भी पैमाने पर सौन्दर्यबोध नहीं रखतीं और तब मुझे महसूस होता है कि इन मर्दों को अपनी 'मर्दानगी' का अहसास उन्हीं औरतों के पास जाकर महसूस होता है।

किश्वर नाहीद : भई, इसलिए कि जो पढ़ी-लिखी औरत होती है बहुत रीज़नेबिल औरत होती है। मैंने एक नज़्म लिखी थी कि जब औरत घर पर बैठकर चर्खा कातती थी तो तुम कोठे पर जाते थे, फिर औरत ने पीछा करके पता किया कि तुम कहाँ जाते हो तो उसने कोठे की औरत को देखा तो उसने उसकी तरह बनना-सँवरना शुरू कर दिया। तुम्हें अदाएँ दिखाना शुरू कर दी। अब वह यह देखती है कि तुम उन औरतों के पास जाने लगे हो जो घर बैठी थी वह सुबह कात रही थी, जो घर से निकली थी वह रात कात रही है। तो उनके पास जवाब यह आ जाता है कि मेरी बीवी मसरूफ़ इतनी है और उसके पास काम इतने हैं कि उसको मेरी फ़िक्र करने की या मुझसे लाड़ करने की...

नासिरा शर्मा : फ़ुर्सत नहीं है।

किश्वर नाहीद : तो इस तरह उसकी भी ज़िम्मेदार हमारे माशरे की औरत है।

नासिरा शर्मा : यहाँ पर एक बात जानना चाहूँगी मानव अधिकार के बारे में कि हम एक तरफ़ तो यह कहते हैं कि यह बात बहुत बुरी है, जो है भी बुरी कि एक मर्द पत्नी के रहते हुए और पत्नी पति के रहते हुए दूसरा सम्बन्ध बाहर स्थापित करे। कभी-कभी मुझे आसपास के हादसों को देखकर लगता है कि घर की यूनिटी को बनाए रखना बहुत ज़रूरी है बनिस्बत कि आप दूसरा विवाह करें।

एक दौर था जब इस तरह की हरक़तों की मैं बहुत निन्दा करती थी मगर कुछ घरों में दूसरी शादी ने क्या बर्बाद किया रिश्तों और शान्ति के स्तर पर, उसको देखकर मुझे लगा कि घर जैसा भी था अगर चल रहा था तो चलने दिया जाता, क्योंकि उसका सच मर्द-औरत सम्बन्ध तक सीमित नहीं था बल्कि उस सम्बन्ध से बनी शाखाएँ-उपशाखाएँ सामाजिकता का अजीब डेल्टा रचती हैं जो पूरे का पूरा गिर जाता है और बहुत कुछ टूटता-बिखरता और असंख्य लोग आहत होते हैं। ऐसी हालत में मुझे महसूस हुआ कि दूसरे आदमी या औरत के पदार्पण की जगह तो वह 'अफ़ेयर' ही बेहतर था जो इस घर की ख़ुशहाली और व्यवस्था से दूर था। यहाँ पर एक और बात है कि विवाह गारंटी तो है नहीं कि आने वाला समय अछूता रहेगा। ज़िन्दगी बिलकुल सपाट गुज़रेगी। नया कुछ न उगेगा, न खिलेगा। मंत्रों का बन्धन आपको सुरक्षाकवच में बाँधे रखेगा। आख़िर क़ानून और ज़िन्दगी की सबसे बड़ी टकराहट तो यही अकस्मात घटनाएँ होती हैं। मैं ऐसे सम्बन्धों को कहीं भी

'जस्टीफ़ाई नहीं कर रही हूँ कि ऐसा होना चाहिए मगर जहाँ हो गया है वहाँ पर यह सब देखकर लगता है कि 'अफ़ेयर' घर टूटने से बेहतर था।

किश्वर नाहीद : यह एक बहुत कॉम्प्लेक्स-सी बात इस लिहाज़ से है कि सिर्फ़ जब तक आप एक-दूसरे के जज़्बात को मज़रूह नहीं करते और जब तक आप एक-दूसरे के अपमान के लिए दूसरे रिश्ते को सामने नहीं लाते हैं उस वक़्त तक अगर, आप ह्यूमन सोसाइटी में रह रहे हैं। इसमें औरत-मर्द दोनों हैं। आप पसन्द-नापसन्द, एक-दूसरे की आदतों को एप्रिशिएट करने की मंज़िलों में या दफ़्तरों या बाहर जहाँ भी आप मिलते हैं, उससे गुज़रते हैं तो दोस्ती का स्तर औरत-मर्द के बीच हो सकता है, क्यों नहीं हो सकता है, क्या सिर्फ़ जिन्स की सतह पर ही बने और शरीर के अलावा कोई दूसरा रिश्ता न बन पाए यह कैसे मुमकिन है। उसको अंडरस्टैंड करने की समस्या है क्योंकि अभी तक हमारा शब्दकोश औरत-मर्द के रिश्ते को किसी और शक्ल में पेश करने के लिए इसलिए तैयार नहीं है कि अब तक शब्दकोश वही चलता रहा जो परम्परागत शब्द का अर्थ देता रहा है और हम लोग उसके पैराहन और आहंग में ज़िन्दा रहने की कोशिश करते रहे।

नासिरा शर्मा : सोच के इसी सिलसिले से एक बात और जुड़ती है कि हिन्दुस्तान के महत्त्वपूर्ण लेखक जैनेन्द्र जी ने कहा था कि एक प्रेयसी का होना ज़रूरी है। इस पर बहस भी काफ़ी दिनों तक चलती रही थी। वह तो अपनी जगह बहस है मगर मुझे जो बात चुभती है वह यह कि सृजन से जुड़े लोग जो इनसानी अहसास की अक्कासी का दावा करते हैं, अपने पात्रों द्वारा सामाजिक बन्धनों को तोड़ प्रेम की महिमा और इनसानी अहसास की पवित्रता का बखान करते हैं वह वास्तविक जीवन में अपने किसी भी साथी का कोई भी सम्बन्ध सहन नहीं कर पाते और दूसरी तरफ़ जहाँ आग नहीं लगी है वहाँ पर सम्बन्धों को झूठ जोड़कर उसकी चर्चा करते हैं। उनकी मानसिकता का परिवेश क्या रहा है यह बात अक्सर मुझे सोचने पर बेचैन करती है।

किश्वर नाहीद : यह मेल शेवालिज़्म है न?

नासिरा शर्मा : हमने दोनों में देखा है। मर्द-औरत इस तरह की बातों में बड़ी रुचि रखते हैं जबकि मुझे लगता है कि फ़नकारों में इनसानी रिश्तों की सबसे ज़्यादा समझ होनी चाहिए।

किश्वर नाहीद : नहीं, वह सब छोड़ो, माइगेटिंग बेचारा टीम की कप्तानी से निकाल दिया गया था। फ्रेंच मिनिस्टर थी वह निकाल दी गई। मैंने जो कहा था न कि मारेलिटी के जो पैमाने हैं उनमें अभी तक 'प्रीस्टवुड' चल रही है।

नासिरा शर्मा : सिर्फ़ यही नहीं मुझे इसमें कुछ और भी नज़र आता है। जब मैं दो लोगों को जुड़ा देखती हूँ चाहे सम्बन्धों का स्तर जो भी हो और उन लोगों का रिएक्शन भी देखती हूँ तो लगता है वह जज़्बा कितना ज़रूरी है और जिसको नहीं मिल पाता है वह हसद की आग में जल उठता है और उसकी ईर्ष्या की सतही अभिव्यक्ति इस तरह की आलोचना में ढलती है।

किश्वर नाहीद : यह बहुत मिक्स्ड चीज़ें हैं। हसद भी होता है। लेकिन मसला यह है कि इसी चीज़ को सारी ज़िन्दगी के ऊपर क्यों इतना हावी कर दिया जाए कि बाक़ी मसले ज़िन्दगी के एक तरफ़ कर दिए जाएँ और इन्हीं पर सोचा जाए? 'इट्स पार्ट ऑफ़ इट, नाट अ टोटल ऑफ़ इट्स!'

नासिरा शर्मा : मगर अक्सर इनसान इससे निकल नहीं पाता है।

किश्वर नाहीद : नहीं, मैं इसको सिर पर सवार नहीं करती और इसको बुनियादी बात इसलिए नहीं समझती कि...

नासिरा शर्मा : आप जैसे कितने मज़बूत लोग हैं मर्द...

किश्वर नाहीद : होने चाहिए।

नासिरा शर्मा : होने चाहिए अगर न हों तो हम उन पर तो सोच सकते हैं।

किश्वर नाहीद : मज़बूत होने चाहिए। यदि आपके जीवन से यह रमक निकल जाए तो आप रोबोट हो जाओ लेकिन इस रमक का मतलब यह नहीं है कि आप सोते-जागते, खाते-पीते, उठते-बैठते सारे वक़्त इसी लम्हे मौजूद को ज़िन्दगी समझ बैठो। खाने में नमक ज़रा-सा तेज़ हो जाए तो आप खाना नहीं खा सकते हैं, यह तो खाने के नमक की तरह की चीज़ है। खाने में नमक ज़रूर होता है मगर नमक ही तो ज़िन्दगी का ओढ़ना-बिछौना नहीं होता है।

नासिरा शर्मा : तारीख़ गवाह है आशिक़ों के जोड़े जिनमें लैला-मजनू, हीर-राँझा, ससी-पुन्नू, शीरी-फरहाद यह सारे नाम हैं जो एक-दूसरे के दीवाने रहे हैं और इस

बात का सबूत है कि इश्क़ में किसी तीसरे इनसान का गुज़र नहीं हो सकता है लेकिन यह भी सच है कि आदमी एक बार नहीं ज़िन्दगी में कई बार आशिक़ हो सकता है मगर जहाँ जज़्बे का ज़िक्र आता है वहाँ यही नाम लिए जाते हैं।

किश्वर नाहीद : यह तुम बार-बार सप्रेस सोसाइटी की औरत की बात उठाती हो जो खुली फ़िज़ा में साँस नहीं लेती है, जो खुली फ़िज़ा में जीते हैं उसमें औरत भी कई इश्क़ करती हैं मर्द के लिए ज़रूरी नहीं है ख़ाली, जो खुली फ़िज़ा का पंछी होगा, जिसके हाथ में मारेलिटी का पैमाना होता है, वह जो चाहता है करता है।

नासिरा शर्मा : मैंने यह बात केवल मर्द के बारे में नहीं कही थी बल्कि दोनों के लिए कही थी।

किश्वर नाहीद : यह ऐसे शेड्स होते हैं इश्क़ के या ज़िन्दगी के उतार-चढ़ाव के या मोहब्बतों के जोश के जो हिसाब की तरह गिनती में शुमार नहीं किए जा सकते हैं। इश्क़ तो आपकी ज़िन्दगी में दाख़िल है जैसे दिन में दर्जा-ए-हरारत जो कभी सुबह को कम होता है दोपहर को ज़्यादा होता है फिर शाम को कम होता है। इस तरह से तो नहीं लेकिन मुताज़्ज़लल इश्क़ के भी आपके मूड के मुताबिक़, एसोसिएशन के मुताबिक़ बढ़ते-घटते रहते हैं। कई लोगों से आप नहीं मिलते हैं परन्तु आप ज़हनी तौर पर क़रीब होते हैं तो क्या आप उसको इश्क़ कहेंगे? जब आप मायकोव्स्की को पढ़ती हैं या आप टालस्टॉय को पढ़ती हैं तो आप ज़हनी तौर पर क़रीब होते हैं, इतने क़रीब होते हैं कि आपको महसूस होता है उनकी और आपकी सोच एक है। क्या आप इसको इश्क़ की उस जिस्मानी सतह पर लेकर आएँगी जिसकी कि आप बात कर रही हैं? नहीं हो सकता है। वजह यह है कि इश्क़ का मतलब सिर्फ़ एक बात नहीं है यानी जिस्मानी लज़्ज़त। एक अंडरस्टैंडी की बहुत-सी सतहें हैं। कई बार होता है कि आप कई लोगों से मिलते हैं। एक बार हाथ मिलाने में उनसे इतनी कराहत का अहसास होता है कि आप उम्रभर उनसे दोबारा हाथ मिलाना नहीं चाहते हैं बात करना तो दूर। और कई लोग होते हैं जिनके साथ सारी उम्र बैठते रहते हैं मगर उनसे नज़दीकी का कोई निशान नहीं उभरता और कई लोग होते हैं जिनके साथ आप एक शाम बैठते हैं, बात करते हैं। मगर जब ज़िन्दगी में आपके टेंडर मोमेंट्स को याद करने का मौक़ा आता है तो वह एक शाम भी आपके लिए जागती हुई चमकती शाम की तरह आन खड़ी होती है।

नासिरा शर्मा : आपने थोड़ी देर पहले कहा कि हम सप्रेस औरत को नज़र में रखकर बात कर रहे हैं पर जहाँ पर औरत सप्रेस नहीं है जैसे पेरिस की सोसाइटी?

किश्वर नाहीद : ग़लत कह रही हो।

नासिरा शर्मा : दूसरे मायनों में सप्रेस है मैं वहीं पहुँचना चाह रही हूँ कि हम समझते हैं कि पेरिस जहाँ बहुत आज़ादी है, जहाँ औरत हर चीज़ अपनी पसन्द से चुनती है वहाँ भी एक दौर उसकी ज़िन्दगी में ऐसा आता है जब वह इस तरह के चुनाव करने की आज़ादी हासिल नहीं कर पाती है।

किश्वर नाहीद : दरअसल...तुम फ्रेंच लॉ देखो, फ्रेंच लॉ में 1975 में पहली बार महिला वकील बनने की इजाज़त दी गई। फ्रेंच तो सबसे ज़्यादा रिएक्शनरी हैं।

औरत के क़ानून बनने के बारे में फ्रेंच लॉ में 1978 में जाकर एबार्शन की इजाज़त दी गई वह भी शादीशुदा औरत के एबार्शन की, देखा तुमने, फ्रेंच लॉ में औरत को पूरे वेस्टर्न वर्ल्ड ने एक्वेशन क़ानूनी तौर पर नहीं दी। इकोनॉमिक्स में एक्वेशन न दे वह लॉ बेकार है। तो इसलिए वह लॉ, वह इदारा, वह सोसाइटी—जो औरत को कमोडिटी बना दे, वह मदद नहीं करती। मज़ीद एक्सप्लायट करती है। जहाँ सोलह साल की लड़की जो अपनी पढ़ाई की फ़ीस देने के लिए क्लब में औरतों-मर्दों के सामने कपड़े उतारती है, वह एक्वेशन के बिना पर, बराबरी के बिना पर नहीं करती है, वह तो उसी एक्सप्लायटेशन की शक्ल है जो तुम्हारे यहाँ कोठा बना हुआ है। कोठे की शक्ल मुख़तलिफ़ है। वे ज़ेवर पहनकर मर्दों को लुभाती हैं और वह कपड़े उतारकर मर्दों को लुभाती है। उसको रात के पैसे मिलते हैं, उसको रात में पैसे मिलते हैं। उसको तुम कैसे लिब्रेशन कहोगी, क्या कपड़े उतारने को लिब्रेशन कहते हैं? कमोडिटी बना देना, कमरशल बना देना, कंज़्यूमरी सोसाइटी...

नासिरा शर्मा : अजीब है जहाँ औरत घर में बैठकर बच्चे पैदा कर रही है और इज़्ज़तदार कहलाती है।

किश्वर नाहीद : उसको इज़्ज़त मत कहो, वह ग़ुलामी है।

नासिरा शर्मा : मैं उसको समाज की दी गई पहचान को लेकर कह रही हूँ कि वह कोठे पर अपने को बेच तो नहीं रही है।

किश्वर नाहीद : मैं फिर कह रही हूँ कि फ़िफ़्टी परसेंट पॉपुलेशन के बनाए हुए क़ायदे और उनके मुताबिक़ ज़िन्दगी करने को न इज़्ज़त समझती हूँ न आज़ादी समझती हूँ। जिस क़ानून के बनाने में, जब तक सारी दुनिया में औरतें क़ानून बनाने में डिसिजन मेकिंग में बराबर की शरीक नहीं होंगी यह डिस्पैरिटीज़ और यह मिस एप्रोप्रिएशन और इस तरह की सोसाइटी की हरकतें तुमको नज़र आती रहेंगी।

नासिरा शर्मा : अच्छा आप क्या सोचती हैं, क्या रिलेशनशिप होना चाहिए?

किश्वर नाहीद : वह तो मैंने आगाज़ में ही कहा था।

नासिरा शर्मा : वह ठीक है कि आपने...

किश्वर नाहीद : आप उसके लिए कोई क़ानून नहीं बना सकती हैं कि आप यूँ उठोगे यूँ बैठोगे। इनसान का मनोविज्ञान किसी भी क़ानून का ग़ुलाम नहीं। इनसान की नफ़सियात, माहौल, तरबियत के रिलेशनशिप बनाने के उसूलों को एवयलूएट करती है, जितने-जितने आप ह्यूमैन होते जाएँगे उतने-उतने आपके रिलेशनशिप में गिव एंड टेक आती जाएगी। देखो किसी के पैर दाबने पर भी कोई बुरे नहीं होते हैं। इनसान का जी करता है। जी करते हुए दाब देना मोहब्बत होती है लेकिन मजबूरी में जो दाबने होते हैं वह शोषण होता है। इस्तेमाल जिस रिश्ते में है चाहे वह मियाँ या बीवी का है, चाहे महबूबा और आशिक़ का है और चाहे मर्द औरत के किसी सतह का है, वह चाहे बेटे-माँ का है, वह नावाजिब है। वह ग़ैरज़रूरी है और उसकी कोई सतह नहीं है।

नासिरा शर्मा : आप इसको कैसे लेंगी जैसे औरतें पहले घर में रहती थीं। और अब भी रहती हैं। उनके सम्बन्ध सहज नहीं हैं। एक दबा है दूसरा हुक्मराँ है। जो औरतें बाहर निकली हैं उनके सम्बन्ध भी मर्दों से शिकवे-शिकायत पर बरकरार हैं। और जब यह औरतें अपने क़बीले अर्थात् औरतों के बीच बैठती हैं तो अपने दर्द खोलती हैं। इस तरह से यहाँ भी सम्बन्ध सहज नहीं रह गया है। इधर औरतें खुलकर कहने भी लगी हैं।

किश्वर नाहीद : इसीलिए मैंने शुरू में कहा था कि मर्द की तरबियत और एजूकेशन नहीं हो रही है। इसकी कुसूरवार औरत ख़ुद है। हमारी ज़्यादातर औरतें मर्द की, अपने बेटे की उसी तरह परवरिश करती हैं जैसी मेरी और तुम्हारी अम्माँ करती थीं।

उसको ज़रा कुछ और अन्दाज़ में कह देंगी जैसे चल बेटा, भाई के कपड़े इस्त्री कर दे मगर कभी भाई को नहीं कहेंगी कि बेटा ज़रा बहन के कपड़े इस्त्री कर दे। ज़रा भाई के बूट पॉलिश कर दे। भाई स्कूल से आया है ज़रा भाई के लिए खाना तो लाना। यह तो एंगल्स हमारे अभी तक रहे। उसके बाद हमारी माँओं ने या हमारी उम्र की औरतों ने जहेज़ लेना बन्द किया है? क्या उन्होंने कहा है कि मैं जहेज़ नहीं लूँगी, मैं एक लड़की लेने जा रही हूँ या यह रिश्ता मैं नहीं करूँगी क्योंकि यह मेरा हक़ नहीं बनता है, मेरा बेटा ख़ुद पसन्द करेगा। बेटा जो बहू लाएगा वह उसकी मर्ज़ी की होगी। उसमें किसी चीज़ की दख़ल नहीं है।

असल में उस ट्रेडिशनल रिवायत से हम रिश्ता तोड़ने को तैयार नहीं हैं। जब आप रिवायत से किसी और सतह पर रिश्ता तोड़ने को तैयार नहीं हैं तो फिर मर्द-औरत के रिश्ते में वह रिवायत पीछा कैसे छोड़ेगी? अलग-अलग ख़ानों में तो इनसान की ज़ात नहीं बँटी हुई। हमारी औरतें अपने ट्रेडिशन छोड़ने को ख़ुद आमादा नहीं हैं। वह ख़ुद ट्रेडिशन में रहने को ही 'चार्मफुल' समझती हैं। वह ख़ुद जब तक ट्रेडिशन नहीं तोड़ेंगी...

नासिरा शर्मा : आप नहीं समझतीं कि उसमें ज़्यादा सिक्योरिटी है एक आम औरत के लिए? उसकी सोच में...

किश्वर नाहीद : यार क्या सिक्योरिटी है? बहू आकर उसको इज़्ज़त देती है? जिस तरह से वह लाती है सौदा करके, बारगेन करके, क्या वह बहू इज़्ज़त देती है?

नासिरा शर्मा : बहू भी यही सोचती होगी कि यह रस्म है। उसके अन्दर इस तरह विद्रोह हो सकता है उठता ही न हो।

किश्वर नाहीद : न उठता हो तो फिर रहे उसी में जिसमें आएगी। फिर वह तो रिलेशनशिप की नई सतह दरयाफ़्त करेगी। देखो, जब तक तुम बीज नहीं नया डालोगे फ़सल कैसे नई उगेगी? हम सबके सब बीज नया डालना नहीं चाहते हैं फ़सल नई माँगते हैं। मर्द से रिश्ता बनाने के लिए हम मर्द को बदलना चाहते हैं। आप बुनियाद तो डालें। औरत में ही आज की सारी ख़राबियाँ हैं। उसमें मैं मर्द को उतना ज़िम्मेदार नहीं ठहराती हूँ। मैं औरत को ज़्यादा ठहराती हूँ।

नासिरा शर्मा : एक सोच यह भी है जो कि मर्दों से बात करके पता चली है। वे

कहते हैं कि वे पूरी तरह औरत पर आधारित हो जाते हैं। आपके इस तरह कहने पर ख़याल आया कि औरत है जो उनको पूरी तरह सँभाल नहीं पाती है, क्योंकि मुझे ऐसा लगता है कि जो जवानी के मर्द-औरत के रिश्ते होते हैं वह इतने देर तक नहीं होते हैं जितना मर्द का रिश्ता अपनी माँ से गहरा होता है, यह माँ का रिश्ता उसके बुढ़ापे तक जाता है।

किश्वर नाहीद : अरे यह तो तुम फ्रायड वाली बात कर रही हो, उसने कहा था न कि वह तो बीवी की शक्ल में अपनी माँ को ही महसूस कर रहा होता है।

नासिरा शर्मा : आप पहले कह चुकी थीं। यह बात आपने कही पहले मगर मुझे लगता है कि सारी चीज़ अपनी तरह देखकर वह एक चीज़ और भी देखना चाहता है कि औरत माँ-बहन-महबूबा एक साथ सब रहे मगर उसको जिस साथी की तलाश होती है वह उसको औरत से नहीं मिल पाता है, अक्सर देखने में यही आता है। एक हसरत, एक ख़ालीपन वह महसूस करता है।

किश्वर नाहीद : मैंने अपनी नज़्मों में यह सब चीज़ें लिखी हैं कि मर्द एक औरत से जो बीवी होती है, उसमें सारे शेड्स माँगता है कि बीबी का, बहन, बेटी का और महबूबा, माशूका, तवायफ़ का भी रिश्ता माँगता है। औरत भी उन तमाम रिश्तों को माँगती है। दोनों को लफ़्ज़ देने नहीं आते और दोनों की तरबियत नहीं होती है तो इसलिए कनफ़्यूज़न यह रहती है कि उनको यह नहीं पता चल पाता है कि उन्हें क्या मिल रहा है क्या नहीं मिल पा रहा है। एक जो बेक़रारी होती है उसको भी ज़बान देनी नहीं आती है। जिस वक़्त आपको मसले की आइडेंटिफ़िकेशन होती है मसला तो हल हो जाता है। जाकनी तो उस वक़्त तक रहती है जब तक समस्या को पहचान नहीं पाते हैं। रिश्ते की सतह को, प्रॉब्लम की सतह को, गुंजलक को, गाँठ को, जब गाँठ का सिरा मिल जाता है तो गाँठ खुल जाती है। हम लोग गाँठ का सिरा ही तो नहीं ढूँढ़ पाते हैं, न ढूँढ़ने की कोशिश करते हैं। हम कहते हैं। जैसे ढलान पर कोई चीज़ चल रही होती है ख़ुद-ब-ख़ुद और जाते हुए कहीं जाकर रुक जाती है, हमारे सारे रिश्ते ढलान पर चल रहे होते हैं जो कहीं जाकर रुक जाते हैं।

नासिरा शर्मा : मुझे लगता है कि हर रिश्तों का अन्त ऐसा ही होता है। चाहे वह जितना भी भरपूर क्यों न हो। यह सब जानबूझकर नहीं होता। चाहे आप रिश्ते को बहुत समझकर भी शुरू कीजिए तो भी मुझे लगता है कि जिस तरह समझदारी

बढ़ती है उसी तरह रिश्ता या तो बढ़ता या तो ख़त्म होता है। जज़्बा भले ही ठहरा रहे मगर रिश्ता नहीं ठहरता। सामाजिक बन्धन को भले ही घसीटते रहो।

किश्वर नाहीद : यह तो है जैसे...

नासिरा शर्मा : रिश्ता कोई भी मरते दम तक नहीं रहता।

किश्वर नाहीद : जैसे हर सड़क एक नए मोड़ पर आकर नई सड़क बन जाती है उसी तरह हर रिश्ता एक नए मोड़ पर आकर नया रिश्ता हो जाता है।

नासिरा शर्मा : या तो उस...

किश्वर नाहीद : मिसाल के तौर पर ले लो मेरा बेटा बड़ा हो गया। शादी हो गई। अब मैं अगर यह उम्मीद करूँ कि मेरा और उसका रिश्ता वही रहे जब मैंने उसको पैदा किया था तो बेवकूफ़ मैं हूँ कि बेटा? वह तो बड़ा हुआ है, अब उसके रिश्ते की नई सतहें दरयाफ़्त हुईं और मैं उसके बेसिक रिश्ते की एक बुनियाद रह जाती हूँ, मैं टोटल रिश्ता नहीं हूँ, जब तक वह बड़ा नहीं हुआ था तब तक मैं उसके लिए टोटल रिश्ता थी इसलिए मैं अगर यह उम्मीद करूँ कि वह मेरी तरफ़ ही देखता रहे तो इसमें मेरी कोताह नज़री है मेरे बेटे की नहीं है। इसी तरह से जैसे-जैसे रिश्ते बढ़ते हैं उनमें शाखें निकलती हैं। उनमें दो रास्ते, तीन रास्ते निकलते हैं। जितनी शख़्सियत बढ़ती है उतने ही रिश्तों के रुख़ बदलते जाते हैं। आप अगर वहीं खड़े हैं जहाँ आप सोलह साल के थे। हमारे औरत-मर्द ज़्यादातर अपने जज़्बों के रिसपांस में सोलह साल के रह जाते हैं और सोलह साल के रिसपांस की उम्मीद करते रहते हैं। वहीं उन्हें मायूसी होती है कि जिस्मानी तौर पर भी सोलह साल के नहीं रहते। जज़्बाती तौर पर भी सोलह साल के नहीं रहते और वैसे भी नहीं रहते तो इसलिए ल्योर भी नहीं करते, इसलिए मायूसियाँ बढ़ने लगती हैं। चूँकि हम छोटे-छोटे ज़हन रखते हैं इसलिए हमारी छोटी-छोटी तमन्नाएँ होती हैं और हम जल्द मायूस हो जाते हैं, जल्दी जोश में आ जाते हैं, जल्दी मोहब्बत करने लग जाते हैं, जल्दी नाउम्मीद हो जाते हैं। हममें सस्टेनिंग पावर नहीं होती है। सस्टेनिंग रिश्ता नहीं करते हैं, सस्टेनिंग रिलेशनशिप नहीं रखते हैं।

नासिरा शर्मा : इश्क़ में उम्र तो कुछ होती नहीं, मसला तो उस जज़्बे का होता है कि वह आपके अन्दर कब फूट पड़े।

किश्वर नाहीद : उस इश्क़ को वह एक्सप्रेस भी नहीं करते। उससे मिलते भी नहीं, उसको अन्दर छुपाकर रखते हैं। हसरत मोहानी जिस ख़ातून से इश्क़ करते हैं वह ख़ातून उसको मारती है, मसाले पिसवाती है, मगर वह उससे इश्क़ किए जाते हैं। इश्क़ करने की जो लॉजिक है न, अगर वह बयान हो सकती और उसकी गोलियाँ बनाकर लोग खा सकते और उसके हवाले से इश्क़ कर सकते तो वह ख़रीदी भी जा सकती थी। आम हो सकती थी। फिर आदमी जहाँ कम इश्क़ कर रहा होता तो बीवी उसको सुबह दो गोलियाँ, शाम दो गोलियाँ और जो औरत इश्क़ कम कर रही होती तो उसको मर्द भी दो-दो गोलियाँ देता तो ज़िन्दगी के यह मरहले हल हो जाते।

नासिरा शर्मा : बात वहीं आकर ठहरती है कि मर्द-औरत के बीच धुन्ध बराबरी से खड़े होने पर ही ख़त्म होगी और मर्द औरत को वह आज़ादी दे या औरत अपनी पूरी आज़ादी ले।

किश्वर नाहीद : मर्द आज़ादी नहीं देता। आप अपनी आज़ादी को ख़ुद आवेल करते हैं। किसी के देने से कोई आज़ाद नहीं होता। औरत-मर्द में तो कभी देने की बात करोगे तो इसका मतलब है कि आप उसको पावरफुल समझकर आज़ादी माँग रहे हैं। अगर अपने मर्द को या शौहर को, शक्ति का स्रोत समझ लिया तो वह कितनी देगा? आप लोग अगर अपने को बराबर समझती हैं और बर्ताव करती हैं तो हमारे यहाँ की औरतें जो आज़ादी की बात करती हैं जब मर्द बर्तन धोने लगता है तो कहती हैं "अरे छोड़ो-छोड़ो मैं कर दूँगी, आप रहने दें।"

ख़ुद ही तो हम लाड़ करते हैं, ख़ुद ही हम ख़राब करते हैं। हमारे अन्दर हमारी माँ मौजूद रहती है। वह नहीं निकला करती है। जैसे-जैसे हम और उम्र में आगे बढ़ते जाते हैं वैसे-वैसे हमारे अन्दर की माँ और बाहर आती जाती है।

नासिरा शर्मा : अजीब बात है कि उस माँ की याद से मर्द भी अपने को आज़ाद नहीं पाता। हक़ीक़त यही है औलादों का रिश्ता माँ से बहुत गहरा होता है। यही एक रिश्ता है जो सच्चा है और ईमानदारी उसमें बहुत हद तक बची हुई है।

(अप्रकाशित, 1987, कराची, पाकिस्तान)

सैयदा आबिदा हुसैन

पाकिस्तान

सैयदा आबिदा हुसैन हीर के इलाक़े झंग (पंजाब) से हैं। आप पाकिस्तान की पहली सियासी महिला हैं जो 1985 में क़ौमी असेम्बली की सदस्या (धारा 66 से) दो सौ सदस्यों में से एक चुनी गईं। जब तक राष्ट्रपति ने उन्हें हटाया नहीं तब तक वह उस कुर्सी पर थीं। शिया होने के बावजूद किसी भी तरह के समझौते न करने और हक़ की आवाज़ बुलन्द करने में आबिदा कभी नहीं झिझकीं। इनके पिता को भी बहुत कष्ट उठाने पड़े थे मगर दोनों कभी सत्ता के आगे नहीं झुके हैं। इस्लामाबाद में आबिदा हुसैन के सियासी व्यक्तित्व की पुख़्तगी के इतने चर्चे सुने कि मिलना ज़रूरी समझा। उनसे बातचीत के मुख्य अंश दिए जा रहे हैं :

पाकिस्तानी औरत अपने जन्म के हादसे की क़ैदी है

नासिरा शर्मा : नवम्बर में होने वाले चुनाव के बारे में आपका क्या ख़याल है?

आबिदा हुसैन : बदक़िस्मती से पिछले चालीस साल में हम पाकिस्तान में चुनाव की कोई परम्परा की नींव नहीं डाल पाए, न उसकी शर्तें व क़ानून ही तय कर पाए हैं। पाकिस्तान बनने के बाद 1953 में हुआ पहला चुनाव, फिर 1960 में राष्ट्रीय व प्रान्तीय चुनाव, 1965 में संसद चुनाव हुआ जिसमें दस हज़ार वोटर का मेंडेट एक माना जाता था। यह चुनाव पूरी तरह आज़ाद चुनाव नहीं थे। 1970 में राष्ट्रीय चुनाव और 1971 में बंगलादेश बनने के बाद आज के नए पाकिस्तान का पहला अगला चुनाव 1977 में हुआ। ठीक सात साल के गैप के बाद चुनाव रद्द करके पाकिस्तान मार्शल लॉ का शिकार हो गया, 1979 और 1983 में स्थानीय चुनाव हुए फिर संसद चुनाव 1985 में हुआ मगर नान पार्टी बुनियाद पर और वही संसद कुछ समय पहले ख़त्म कर दी गई। अब चुनाव कब होता है कह नहीं सकती क्योंकि ज़िया साहब पिछले नौ वर्ष से चुनाव की बात कर रहे हैं।

नासिरा शर्मा : तो फिर उन्हें हमेशा के लिए पाकिस्तान का राष्ट्रपति क्यों नहीं चुन लिया जाता है ताकि जनता चुनाव की उत्तेजना व इन्तज़ार से मुक्त होकर सुख से रहे?

आबिदा हुसैन : परमानेंट तो सिर्फ़ 'ख़ुदा' की ज़ात है। अभी तक पाकिस्तान में हमेशा के लिए राष्ट्रपति का चलन नहीं हुआ है। 5 जुलाई को ज़िया साहब के ग्यारह साल पूरे हो गए हैं। फ़ौजी सत्ता का कुछ तय नहीं, जैसे वह आती है वैसे ही चली भी जाती है। अयूब ख़ान कमांडर इन चीफ़ बने फिर कमांडर इन चीफ़ व डिफ़ेंस मिनिस्टर बने, फिर चीफ़ मार्शल एडमिनिस्ट्रेटर बने और 1960 में राष्ट्रपति के साथ चीफ़ मार्शल एडमिनिस्ट्रेटर भी बने रहे। 1960 में मार्शल लॉ हट गया तो वह केवल राष्ट्रपति बने रहे। 1969 तक पौने ग्यारह साल सत्ता में रहे। अप्रैल 1969 में जनरल याहिया ख़ाँ ने बागडोर सँभाली, 1971 में भुट्टो साहब जब आए

तो उन्होंने अपने को चीफ़ मार्शल एडमिनिस्ट्रेटर बनाकर पेश किया जबकि वह पश्चिमी पाकिस्तान में चुनाव जीत चुके थे। इसलिए ज़िया-उल-हक़ साहब का हमेशा के लिए पाकिस्तान का राष्ट्रपति बना रहना भी नामुमकिन है।

नासिरा शर्मा : क्या इस्लामी क़ानून जो ज़िया साहब ला रहे हैं उसमें औरत के ऊपर क़ानून की गिरफ़्त ज़्यादा मज़बूत होगी, एक समाज-सेविका के रूप में आप इसकी व्याख्या कैसे करेंगी?

आबिदा हुसैन : पाकिस्तानी औरत अपने जन्म के हादसे की क़ैदी है। वह देहात में ग़रीब व शहर में अगर ग़रीब घराने में पैदा हुई तो जीने का बुनियादी हक़ उसके घर के मालिक के हाथ में होता है और इसी में वह अपनी सारी ज़िन्दगी गुज़ार लेती है। उसे न अपनी ख़ूबी का पता चलता है, न यह महसूस करती है कि वह भी कमाती है और उस पर उसका भी हक़ है। वह चुपचाप अपनी कमाई भाई, बाप, शौहर या बेटे के हाथ में रख देती है। मध्यवर्ग की औरत जो देहात में है, उसकी दशा भी यही है कि वह अपने को बेबस और बेकस समझती है मगर शहर में वह काम करती है, पढ़ती है मगर उसको अपने फ़ैसलों यानी उसका शौहर, घर कैसा हो, उसको कितने बच्चे चाहिए इस पर कोई अधिकार नहीं होता है। अब रही उच्चवर्ग की औरत जो पाकिस्तान में ज़्यादा पढ़ी-लिखी भी है, अपने फ़ैसलों में आज़ाद भी है। पाकिस्तान में फ़ौज की नौकरी छोड़कर औरतें आज हर विभाग में नज़र आती हैं जबकि ज़िया साहब ने इस्लाम का ज़ोर बाँध रखा है और क़ानून की व्याख्या भी रूढ़िवादी दृष्टिकोण लिए हुए होती है, तो भी हमारी औरतों की स्थिति में काफ़ी सुधार आ रहा है, ख़ासकर शहरों में।

नासिरा शर्मा : एक तरफ़ औरतें इंक़लाबी होती जा रही हैं दूसरी तरफ़ शरियत क़ानून की बहस गर्म है। ऐसी स्थिति में गाँव, क़स्बे व निम्न-मध्यवर्ग की औरतें जिनकी तादाद ज़्यादा है, उनकी दशा क्या होगी उस इस्लामी व्यवस्था में?

आबिदा हुसैन : हमारे यहाँ इस्लामी व्यवस्था नहीं बल्कि आमिराना निज़ाम (तानाशाही) है। हमारी इस व्यवस्था में फ़ौज का बहुत दख़ल है जो आपके यहाँ नहीं है। आपके यहाँ चुनाव हर पाँच साल बाद होते हैं और हमारे यहाँ कभी दो साल तो कभी आठ साल बाद। मगर जो ज़िया-उल-हक़ साहब ने 'निफाज़े इस्लाम' किया है वह एक क़ानूनी बात है जिसकी अभी तक व्यावहारिक रूप से कोई व्याख्या

सामने नहीं आई है। अभी तक ब्रिटिश क़ानून परम्परा ही चल रही है, मैं समझती हूँ चलनी भी चाहिए क्योंकि पाकिस्तान में 'सेक्टेरियन' एकता नहीं है। इस्लाम में विभिन्न स्कूल विभिन्न फिकहे (क़ानून) हैं। इसलिए पाकिस्तान में यूनिफ़ार्म इस्लामी निज़ाम को लाना इतना आसान नहीं है। यह तो ज़िया साहब अपनी सत्ता को तूल देने के लिए इस्लाम का इस्तेमाल कर रहे हैं मगर उससे कोई फ़र्क़ आम आदमी पर नहीं पड़ा है। हम जितने पहले मुसलमान थे उतने ही आज।

नासिरा शर्मा : पढ़ी-लिखी औरतों की कोई सियासी संस्था है जो इसका विरोध कर सके?

आबिदा हुसैन : 1947-48 से 'वीमेन्स एसोसिएशन' के नाम से पुरानी संस्था ज़रूर चली आ रही है मगर सियासी महिला संस्था कोई नहीं है, हाँ, सोशल वेलफ़ेयर के नाम से कई महिला संस्थाएँ हैं जो ग़ैर-सरकारी हैं। सरकारी तौर पर वीमेन डिविज़न है जहाँ से काम करने की ग्रांट इत्यादि मिलती है।

नासिरा शर्मा : आप नवम्बर में होने वाले चुनाव में किस पार्टी के टिकट से खड़ी होने वाली हैं?

आबिदा हुसैन : मेरे वालिद सियासी व्यक्तित्व वाले थे। उनकी मृत्यु के बाद चूँकि मैं उनकी इकलौती बेटी थी इसलिए पूरी तरह सियासी रंग में रँगी हुई थी। पहले मैंने हुनरमन्द औरतों को जमा करके कशीदाकारी का काम आरम्भ किया और उस संस्था का नाम अपने पिता पर 'आबिद वेलफ़ेयर कोऑपरेटिव सोसाइटी' रखा। 1965 से 1975 के बीच यह संस्था स्वावलम्बी बन गई और मेरे बिना अपने को सँभालने लगी। मैं दूसरे गाँवों की तरफ़ मुड़ी, 1971 में मैं पी.पी.पी. में शामिल हुई और 1972 में प्रान्तीय असेम्बली का चुनाव हुआ जिसमें छह सीटें औरतों के लिए रिज़र्व होती हैं। पाँच साल पी.पी.पी. के द्वारा मैं प्रगति समिति की अध्यक्ष रही। 1977 में जब चुनाव का ऐलान हुआ तो मैं जनरल सीट के लिए खड़ी होना चाहती थी मगर पार्टी के अध्यक्ष ने कहा कि इस तरह एक सीट ख़राब होगी जबकि पी.पी.पी. के अपने पार्टी क़ानून में औरत-मर्द की बराबरी की बात कही गई थी, इस बात पर मैंने पी.पी.पी. से इस्तीफ़ा दे दिया। 1977 में हुए चुनाव के विरोध में पी.पी.पी. के ख़िलाफ़ एक आन्दोलन छिड़ गया। झंग में सारे स्थानीय सत्ताधारी पी.पी.पी. के थे, मैं अकेली विरोधी बची थी। कई मुक़दमे मुझ पर चले जैसा हमारे मुल्क में

विरोधी विचार वालों के साथ होता है। मेरे लिए किसी अन्य पार्टी में जाना ज़रूरी हो गया सो मई 1977 में नेशनल डेमोक्रेटिक पार्टी में शामिल हुई। 1977 में दोबारा चुनाव होना मंजूर हुआ 'ऑपरेशन फेडेल' के नाम से मगर वह नामुकम्मल रह गया और ज़िया साहब सत्ता में आ गए। मैं राष्ट्रीय असेम्बली के चुनाव में खड़ी हुई मगर चुनाव ही नहीं हुआ। मई 1979 में नेशनल डेमोक्रेटिक पार्टी दो हिस्सों में बँट गई। हैदराबाद जेल में वली ख़ाँ व अन्य साथियों के बीच मतभेद उठ गए और बलूची साथी इनसे अलग हो गए। बलूची ने नेशनल डेमोक्रेटिक पार्टी बनाई और वली ख़ाँ ने वही नाम रखा। मेरे सामने संकट था कि मैं पी.एन.पी. की तरफ़ चलूँ या एन.डी.पी. की तरफ़। वहाँ प्रान्तीय मतभेद शुरू हो गया था, मैं पंजाब से थी सो वह पार्टी मुझे छोड़नी पड़ी, फिर मैं मेम्बर ज़िला कौंसिल का चुनाव लड़ी, जीती और 79 से 83 तक अध्यक्ष बनी रही। 1983 में फिर आज़ाद उम्मीदवार की शक्ल में झंग से चुनी गई। अब मैं किसी पार्टी के टिकट से नहीं बल्कि आज़ाद उम्मीदवार की शक्ल में खड़ी होना चाहती हूँ।

नासिरा शर्मा : इसका मतलब है कि पाकिस्तान की सियासत में औरत का दाख़िला जोखिम भरा है।

आबिदा हुसैन : बिलकुल। पाकिस्तानी औरत को किसी भी मुक़ाम पर पहुँचने के लिए समाज, ख़ानदान, धर्म और ज़िन्दगी के जद्दोजहद के कई ऊबड़-खाबड़ और कँटीले रास्तों से गुज़रना पड़ता है।

नासिरा शर्मा : अगर औरत सारे संघर्ष छोड़ एक आम मामूली औरत की तरह जीना चाहे तो उसे भी आपके मुल्क का निज़ाम चैन से नहीं जीने देता है। तब उसका शारीरिक शोषण होता है।

आबिदा हुसैन : इसमें कोई शक नहीं है। मगर एक सच और भी है सारे जहाँ की औरतों का, वह अपनी मर्ज़ी और सलाहियतों के साथ भरपूर तरीक़े से कहीं भी नहीं जी पा रही हैं। यह बात सिर्फ़ पाकिस्तान तक महदूद नहीं है।

नासिरा शर्मा : मैं आपकी बात की ताईद करती हूँ। यह एक ऐसा सच है जिससे असहमति का सवाल ही नहीं उठता है।

(अप्रकाशित, लाहौर, 1987)

नफ़ीसा अब्बासी

अफ़ग़ानिस्तान

एक फ्रेंच लेखक ने मध्यपूर्व पर लिखी अपनी पुस्तक में एक स्थान पर लिखा है—"एक क़बीले के साथ खाना खाने का अवसर मेरे लिए रोमांचकारी और मेरे में ज्ञान बढ़ाने का मौक़ा था। खाने में मांस था और मांस का स्वाद बड़ा ही अजीबो-ग़रीब था। मेरे झिझक खाने पर मुझसे कारण पूछा गया, कि आख़िर बात क्या है? मजबूरन बताना पड़ा कि मांस का स्वाद विचित्र है। मेरा उत्तर सुनकर सरदार क्रोधित हो उठा और खेमे के पर्दे को हटाकर बालों से भरा कटा सिर उठाया और बोला—कौन-सी कमी हो गई। इनके सत्कार में मैंने अपनी बेटी का मांस पकवाया था और इन्हें इसका स्वाद विचित्र लग रहा है?"

क़िस्सा बड़ा मामूली है मगर वास्तव में यह विश्वभर के सम्पूर्ण नारी समाज की दासता की कहानी है जो उसे बड़ी आसानी से भेड़-बकरी की श्रेणी में खड़ा कर देती है। यह कहानी केवल मध्यपूर्वी देशों की सीमा-रेखा में जन्म नहीं लेती है, बल्कि संसार की सारी औरतों पर विभिन्न प्रकार से किए गए अत्याचारों व यातनाओं को चित्रित करती है। कहीं पर स्त्रियाँ केवल लज़ीज़ पकवान की तरह मेहमानों के आगे पेश की जाती हैं, तो कहीं जानवर की तरह सिर्फ़ उन्हें कोल्हू का बैल समझकर परिवार और समाज की सारी ज़िम्मेदारियाँ उनके कन्धों पर डाल दी जाती हैं। जहाँ पर स्वतंत्रता मिली वहाँ भी वह मुक्ति न दिला सकी बल्कि वह ऐसा जीव बन गई कि न घर की रही न घाट की, बल्कि एक भटकी आत्मा में परिवर्तित हो गई!

स्वतंत्रता, मुक्ति की कल्पना हर समाज की औरत के लिए जुदा रही है। यदि औरत को समझना हो तो विभिन्न देशों की महिलाओं से मिलें और देखें, उनका ग़म और उनका मरहम क्या है। औरत की मुक्ति और स्वतंत्रता का उद्देश्य सिर्फ़ मर्द बनना है या वास्तव में नारी रहकर नारी-दायरे में उसे मुक्त और स्वतंत्र जीवन प्रदान करना है। नफ़ीसा अब्बासी से मेरी मुलाक़ात 1980 में लगभग चार घंटे रही थी। सारा वार्तालाप उनकी भाषा 'दरी' (अफ़ग़ानिस्तान में दो भाषाएँ हैं—दरी और पश्तो) में हुआ, यहाँ उसका हिन्दी रूप पेश है :

अफ़ग़ान लेखिका ज़मीन में गड़ा ख़ज़ाना है

नासिरा शर्मा : इस वर्तमान क्रान्ति ने आपके दरी भाषा-साहित्य को क्या दिया?

नफ़ीसा अब्बासी : (ख़ामोशी)

नासिरा शर्मा : जैसा आप स्वयं जानती हैं दरी साहित्य या अफ़ग़ानी साहित्य के बारे में हमारा ज्ञान बहुत कम है, आप इस पर...

नफ़ीसा अब्बासी : मैं वर्तमान क्रान्ति के बारे में कुछ भी कहना नहीं चाहूँगी, इससे पहले के साहित्य के बारे में जो चाहें पूछे। फ़िलहाल तो वहाँ दूसरा ही मंज़र है।

नासिरा शर्मा : जब आपने इनकार ही कर दिया है, तो बेहतर है, मैं अपने सवालों का रुख़ दूसरी तरफ़ मोड़ूँ। जैसाकि आपने बताया है कि आठ वर्ष तक आप 'मीरमन' (श्रीमती) पत्रिका की सम्पादिका रही हैं और आप प्रथम अफ़ग़ानी महिला हैं जो अमेरिका में आयोजित महिला वर्ष में मियामी में एक सम्पादिका और लेखिका के रूप में गई थीं। महिला लेखन के बारे में बताएँ। मुझे यक़ीन है कि अफ़ग़ान महिला लेखन पुरुषों से आगे होगा...

नफ़ीसा अब्बासी : आपको जानकर दुख होगा कि अफ़ग़ानिस्तान में एक गायिका को 'उस्ताद' की उपाधि से सम्मानित किया जा सकता है मगर एक लेखिका को उचित वातावरण प्रदान नहीं किया जाता। उसमें सामाजिक व आर्थिक दोनों ही कारण हैं। पुरुष लेखन बहुत आगे है। ऐसा नहीं है कि स्त्रियाँ लिखती ही नहीं हैं, मगर जिस तरह से कोयले की खान में हीरा छुपा होता है, वैसी ही अफ़ग़ानी लेखिका है। लिखती है, छुपाती है। उसके अन्दर साहित्य का ख़ज़ाना छुपा हुआ है मगर उसे निकाले कौन? उस पर तो हमारे रीति-रिवाजों और रूढ़िवादिता का नाग बैठा है।

लगभग 30 वर्ष पहले 'ज़ायरशाह' के काल में पर्दा-प्रथा समाप्त हुई तो स्त्री

समाज में बदलाव आया था। उस समय औरतें केवल नर्स व अध्यापिका बनती थीं, फिर धीरे-धीरे उन्होंने ऑफ़िसों में काम करना आरम्भ किया था। मगर इस लम्बे अरसे में ऐसा कुछ भी नहीं हुआ है कि मैं आपसे कहूँ कि बुद्धिजीवी महिलाएँ हमारे यहाँ हैं, भले ही दौलतमन्द घराने की औरतों को पढ़ने, घूमने, फ़ैशन की स्वतंत्रता हो, यहाँ तक कि वे किसी हद तक राजनीति में भी हिस्सा लेती हैं, मगर वह प्रधानमंत्री, कुलपति, प्रिंसिपल नहीं बन सकती हैं। इसलिए हमारी कहानियों में औरत दया या बलिदान की मूर्ति है या फिर लड़ाकू योद्धा। मगर रूढ़िवादिता को तोड़ती इंक़लाबी औरत आपको नज़र नहीं आएगी। कुछ पुरुष लेखक हैं जो स्त्री स्वतंत्रता चाहते हैं मगर समाज का पहरा भी तो है दिमाग़ों पर! सो हम धीरे-धीरे बढ़ रहे हैं।

नासिरा शर्मा : किसी ऐसी लेखिका का नाम बताएँ जिसकी पुस्तकें छपी हों और जो आपकी तरह सुप्रसिद्ध भी हो?

नफ़ीसा अब्बासी : सिर्फ़ एक लेखिका साहिब-किताब हैं, वह हैं—'हमराह सलजूकी', उन्होंने यह पुस्तक दरी भाषा के कवियों के बारे में लिखी है, मगर कहने वाले कहते हैं कि चूँकि उनके पति बहुत बड़े लेखक हैं, सो उनकी इनायत है यह, बहरहाल...

नासिरा शर्मा : आप जैसी कितनी लेखिकाएँ अफ़ग़ानिस्तान में होंगी जो लिखती भी हैं और समाज-सेविका का कर्तव्य भी निभाती हैं?

नफ़ीसा अब्बासी : बहुत कम, मुझे स्वयं अफ़सोस है कि मैंने उतना नहीं लिखा, जितना लिखना चाहिए था। न मेरी कोई पुस्तक है, न कोई कविता-संग्रह। उसका कारण शायद यह भी है कि पूरे अफ़ग़ानिस्तान में केवल एक प्रेस है जिसमें उतनी आसानियाँ नहीं हैं, जितनी होनी चाहिए। फिर सेंसरशिप भी थी। किसी में हिम्मत नहीं थी कि वह अपनी किताब स्वयं छापे। ऐसा नहीं था कि कोई मनाही थी, मगर वातावरण ऐसा था। जहाँ 99 प्रतिशत जनता अनपढ़ हो, वहाँ पर बहुत कम ध्यान पत्र-पत्रिकाओं की ओर जाता है। मेरे पति पब्लिकेशन मंत्रालय के मंत्री थे, फिर भी मेरा ध्यान किताब छपवाने की ओर नहीं गया। मेरी रुचि लेखन के साथ-साथ सोशल वर्क में भी थी। क्योंकि अफ़ग़ानिस्तान में लेखन से अधिक अमल की आवश्यकता है। सो जब मौक़ा मिला, लिखा, वरना गाँव-गाँव घूमती रही।

नासिरा शर्मा : गाँव में स्त्रियों की स्थिति क्या है?

नफ़ीसा अब्बासी : शहर और गाँव में बहुत फ़र्क़ है। शहर की लड़की को किसी सीमा तक स्वतंत्रता है, मगर गाँव में नाममात्र भी नहीं। वहाँ स्त्रियाँ विवाह के समय बेची जाती हैं। जवान लड़कियाँ 20 हज़ार अफ़ग़ान (4-5 हज़ार रुपया), विधवा और तलाक़शुदा औरतें एक लाख अफ़ग़ान (30 हज़ार रुपये के लगभग) में बिक जाती हैं।

नासिरा शर्मा : विधवा व कुँवारी लड़की की बोली में इतना अन्तर क्यों?

नफ़ीसा अब्बासी : एक तो विवाहित या कहिए विधवा औरतें अधिक अनुभवी होती हैं, काम में और परिवार के लालन-पालन में। इसीलिए क़ालीन बुनने वाले की चार-चार पत्नियाँ होती हैं। पत्नियाँ-कम-मज़दूरिनें समझो उन्हें। वे मर्द का सारा बोझ सँभाल लेती हैं। ऐसी हालत में जबकि शिक्षा का कोई स्तर न हो, वहाँ पर दूसरी ज़िम्मेदारी है हमारी इनके प्रति। शिक्षित वर्ग ऐसी दलित व शोषित स्त्रियों और लड़कियों पर लिखता रहा है। एक चेतना आ रही है। देर लगेगी मगर हमारे नए उभरने वाले लेखक इस कमी को महसूस करके लिख रहे हैं क्योंकि जिनके पास धन-दौलत है, उनकी स्त्रियाँ भले ही कम पढ़ी-लिखी हों मगर दूसरी स्त्रियों से स्वतंत्र ज़रूर हैं।

नासिरा शर्मा : आपकी अपनी कहानियों का क्या कथ्य रहा है?

नफ़ीसा अब्बासी : 'बाग़ी औरत' को छोड़कर हर प्रकार की औरत रही। बहुत चाहकर भी मैं उस बाग़ी औरत को शब्दों का लिबास नहीं पहना पाई।

नासिरा शर्मा : आपने इस ज़िम्मेदारी से अपने को मुक्त क्यों किया जबकि आप स्वयं एक शिक्षित महिला हैं, और महिला जगत की विडम्बनाओं से अनभिज्ञ नहीं रहीं?

नफ़ीसा अब्बासी : इसके भी सामाजिक कारण रहे हैं। शादी से पहले मैं जितना लिखती थी, रेडियो पर साहित्यिक कार्यक्रम आयोजित करती थी। मेरी कविता 'पतझड़' को तब पूरे अफ़ग़ानिस्तान में पुरस्कार मिला था, जब मैं इंटर में थी। शादी के बाद मुझे वह वातावरण नहीं मिला। सामाजिक बन्धन बढ़ गए। चूँकि मैं

महिला जगत की घुटन को महसूस कर रही थी, सो 'मीरमन' नामक पत्रिका का सम्पादन भार सँभाला। आप उस लगन और परिश्रम का अन्दाज़ा नहीं लगा सकती हैं, जिसे लेकर मैंने इस कठिन काम का बीड़ा उठाया था। तस्वीरों की छपाई, लेख जमा करना, फिर उन्हें पत्रिका का रूप देना...बहुत कठिन काम था। हम कुल तीन थे और हमारे पास किसी भी तरह की सहूलियत नहीं थी।

नासिरा शर्मा : मगर छपाई और गेटअप से तो पत्रिका बहुत आगे है...

नफ़ीसा अब्बासी : इसमें मेरा ख़ून और पसीना भी तो लगा है, उसी की चमक होगी...

नासिरा शर्मा : लेखकों की समाज में स्थिति या उनकी दशा क्या है?

नफ़ीसा अब्बासी : मामूली अध्यापक व लेखक मध्यवर्गीय लोग हैं।

नासिरा शर्मा : आपकी पत्रिका किसी संस्था या मंत्रालय से जुड़ी थी?

नफ़ीसा अब्बासी : मंत्रालय से।

नासिरा शर्मा : लेखकों का औसत पारिश्रमिक क्या है?

नफ़ीसा अब्बासी : पब्लिकेशन मंत्रालय ने पहली, दूसरी, तीसरी कोटि का पारिश्रमिक तय कर दिया है, वही हम देते थे।

नासिरा शर्मा : जैसे...?

नफ़ीसा अब्बासी : जैसे अच्छी कहानी या लेख का 200 अफ़ग़ान (50 रु.)

और दूसरी कोटि की कहानी का 100 अफ़ग़ान (25 रु.)।

नासिरा शर्मा : जी? इतना कम?

नफ़ीसा अब्बासी : वहाँ के लिए ठीक है...काफ़ी है।

नासिरा शर्मा : वर्तमान अफ़ग़ानिस्तान स्थिति में स्त्रियों व लड़कियों का योगदान?

नफ़ीसा अब्बासी : (ख़ामोशी)

नासिरा शर्मा : आप समाज-सेविका भी हैं, इसलिए यह प्रश्न बहुत महत्त्वपूर्ण है।

नफ़ीसा अब्बासी : वर्तमान स्थिति में स्त्रियों का योगदान है मगर उनकी अपनी रुचि से नहीं, बल्कि पति की इच्छा और विचार से। पति का जो राजनैतिक दृष्टिकोण होगा, वही पत्नी का भी होगा। यदि ऐसा नहीं है तो पति बाग़ी औरत को तलाक़ देकर कहेगा कि अब तुम्हारी इस घर में मुझे ज़रूरत नहीं है। जिस समाज में पत्नी बिना पति की आज्ञा के घर से बाहर नहीं निकल सकती हो, वहाँ पर आप सामाजिक चेतना और राजनीति की समस्याओं पर महिला से अभिव्यक्ति की आशा करती हैं?

(*वामा*, 1984, दिल्ली)

मासूमा वरदक

अफ़ग़ानिस्तान

अफ़ग़ानिस्तान के हेरात प्रान्त की औरतों के लिए कहा गया है कि काली बड़ी-बड़ी आँखों की यह हसीनाएँ ठीक उस मोती की तरह आबदार हैं जो सीप में बड़ी हिफ़ाज़त के साथ बन्द रहता है।

चन्द साल पहले एक अफ़ग़ानी कवयित्री नफ़ीसा अब्बासी ने बातचीत के दरमियान कुछ इसी तरह की बात कही थी कि अफ़ग़ान औरतें ज़मीन में गड़ा ख़ज़ाना होती हैं। ये दोनों बातें अफ़ग़ानी औरत की स्थिति को बयान करने के लिए काफ़ी हैं कि उसकी हैसियत घर में एक ऐसी कनीज़ की है जो ज़रख़रीद है। यानी अफ़ग़ानिस्तान में औरत की क़ीमत शौहर के घर वालों को अदा कर लड़की के पिता से लड़की ख़रीदनी पड़ती है। अफ़ग़ानिस्तान में छोटी उम्र की कुँवारी लड़की की क़ीमत बीस हज़ार अफ़ग़ान और बड़ी उम्र की औरत जो घर के काम में दक्ष और हस्तकला में निपुण हो उसकी क़ीमत एक लाख अफ़ग़ान तक पहुँच जाती है।

अफ़ग़ानिस्तान में उज़्बेक औरतें अधिकतर क़ालीन बुनती हैं। घर के काम से निपटकर वह सारे दिन इसी काम में लगी रहती हैं। उतनी देर पति आराम से हुक़्क़ा या चाय पीता हुआ गप्प मारेगा और जब क़ालीन बन जाएगी तो हज़ार अहसान के बाद वह बाज़ार ले जाकर उसे बेचेगा और उससे मिला धन अपने पास रखेगा। इस तरह की स्थिति काबुल और कुछ परिवारों को छोड़कर सारे अफ़ग़ानिस्तान में व्याप्त है।

अफ़ग़ानिस्तान में बीच-बीच में ऐसी हुकूमतें भी आईं जिसमें औरत की स्वतंत्रता, अधिकार, स्थिति में बदलाव लाने की कोशिश भी हुई है। जैसे शाह अमानउल्लाह ख़ान ग़ाज़ी ने जब ब्रिटिश सत्ता से स्वतंत्रता (1919) हासिल की और ग़ुलामों को आज़ाद कराया उस समय सिर्फ़ काबुल में साढ़े चार हज़ार ग़ुलाम थे जिसमें दो-तिहाई से ज़्यादा औरतें थीं, जिनकी आयु बारह वर्ष से साठ वर्ष तक थी। इसके बाद से ग़ुलाम ख़रीदने की प्रथा की ज़ंजीरें हमेशा के लिए टूट गईं।

दिलकुशा महल में रानी सुरय्या ने एक सभा बुलाई थी जिसमें उसने महिलाओं की स्थिति बताते हुए शिक्षा का महत्त्व बताया। काबुल शहर में नमूने के तौर पर लड़कियों का एक स्कूल खोलने की बात तय हुई थी। 'मक़तब-ए-मस्तूरान' के नाम से स्कूल खुला और फिर आगे पढ़ने के लिए पन्द्रह लड़कियों को टर्की भेजा जाना तय हुआ। यह कारवाँ जब काबुल से चला तो रास्ते में अंग्रेज़ों ने रोकने की कोशिश की मगर तुर्कमान सीमा को पार करके यह कारवाँ मुहम्मद इस्माइल ख़ाँ के साथ ब्रिटिश इंडिया में पहुँचा और वहाँ से पानी के जहाज़ के ज़रिए इस्तम्बोल की तरफ़ रवाना हुआ। रानी सुरय्या ने पर्दा हटाया और औरतों में नई आत्मा फूँकी।

अमानउल्लाह ख़ाँ का यह अन्दाज़ अंग्रेज़ी सत्ता के लिए चुनौती था। अमानउल्लाह का तख़्ता पलटने के बाद (1929) नादिर ख़ाँ सत्ता में आए और वह अमानउल्लाह की प्रगतिशील नीतियों के विरुद्ध लोगों को ख़ुश करने में लग गए। टर्की में पढ़ती लड़कियों को वापस काबुल बुला लिया गया। औरत की आज़ादी का उगता सूरज एकाएक डूब गया।

वर्तमान इंक़लाब के बाद फिर अफ़ग़ान औरत की स्थिति में बदलाव लाने की लगातार कोशिश की जा रही है मगर सवाल यह उठता है कि जिस समाज में मर्द अपनी सोच और व्यवहार में स्वतंत्र न हों वहाँ की औरतों को स्वतंत्र करना और उनकी स्थिति में बदलाव लाना कितना कठिन है? इन्हीं प्रश्नों को लेकर 1987

में मासूमा वरदक से बातचीत हुई। मासूमा वरदक अफ़ग़ानिस्तान की उन महिला रचनाकारों में एक हैं जिनकी प्रतिभा का लोहा पुरुष भी मानते हैं। ये अफ़ग़ानिस्तान की पहली औरत हैं, जिसने मंत्रालय में काम करना आरम्भ किया था। देश के सियासी मुद्दों पर सदा मुखरित रहने वाली मासूमा कई पुस्तकों की लेखिका हैं। विदेश यात्राओं से इन्होंने अपने देश की स्थिति, विशेषकर औरतों की स्थिति का अवलोकन किया।

मासूमा महिला एकता संस्था की अध्यक्ष हैं। उनका कहना है कि यह काम उनका मनपसन्द ज़रूर है मगर सारा समय गोष्ठी और सम्मेलनों में ही ख़र्च हो जाता है और उन्हें अपने अधूरे मंसूबे और अधूरी किताबें ख़त्म करने का मौक़ा नहीं मिल पा रहा है। उनकी ख़्वाहिश है कि वे अपनी संस्था का सम्बन्ध हिन्दुस्तान की महिला संस्था से जोड़ें ताकि सामूहिक रूप से वह विभिन्न क्षेत्रों में सहायता लेकर कार्य कर सकें। मासूमा कई बार भारतवर्ष आ चुकी हैं। विचारधारा की दृष्टि से वे वामपंथी नहीं हैं मगर प्रगतिशील विचार रखती हैं। डेमोक्रेटिक पार्टी की सदस्या नहीं हैं तो भी राष्ट्रसन्धि के बाद देश में अमन व शान्ति लाने के लिए उन्होंने यह पदवी स्वीकार की है। कहा जाता है कि पहले वाली अध्यक्ष ने औरतों की समस्या को केन्द्र में न रखकर उसे वामपंथी विचारधारा का गढ़ बना दिया था जिससे वह संस्था कम पार्टी का दफ़्तर ज़्यादा लगती थी। इस टकराहट से बचने के लिए ग़ैरसत्ताधारी महिला को अध्यक्ष बनाया गया है ताकि आम औरत बिना किसी झिझक के अपनी बात कह सके।

सीप में बन्द मोती

नासिरा शर्मा : अफ़ग़ानिस्तान में इंक़लाब से पहले औरत की स्थिति क्या थी?

मासूमा वरदक : इंक़लाब से पहले अशिक्षित औरतों की संख्या 98 प्रतिशत थी, लगभग सभी अनपढ़ थीं। उनमें जो पढ़ी-लिखी थीं वह बराबर की तनख़्वाह पर कार्यालयों व मंत्रालयों में काम ज़रूर करती थीं मगर उनकी गिनती उँगली पर की जा सकती थी। ऐसी मज़दूर औरतें भी थीं जो उत्पादन के कामों में लगी हुई थीं और माली ऐतबार से शोषित नहीं थीं मगर वह अशिक्षित ज़रूर थीं।

नासिरा शर्मा : इंक़लाब के बाद क्या उनकी स्थिति में बदलाव आया?

मासूमा वरदक : अगर मैं कहूँ कि आज कामकाजी औरतों की संख्या दस गुना बढ़ गई है तो ग़लत नहीं होगा क्योंकि उनके बीच शिक्षा का प्रसार बढ़ा है। फ़िलहाल 30 प्रतिशत अफ़ग़ान महिला शिक्षित हैं। यानी अब केवल अशिक्षित औरतों की संख्या 70 प्रतिशत रह गई है।

नासिरा शर्मा : इतनी जल्दी बदलाव आया?

मासूमा वरदक : हाँ, क्योंकि शिक्षा प्रसार आन्दोलन हमारे यहाँ कई स्तर पर चालू है। एक तो शिक्षा मंत्रालय से। दूसरा, इसी हमारी महिला एकता संस्था से। तीसरा, निरक्षर मोर्चा से। महिलाएँ घरों में और मोहल्ले में एक-दूसरे को पढ़ाती हैं।

नासिरा शर्मा : इंक़लाब से हटकर औरत की स्थिति अफ़ग़ानिस्तान के परम्परागत समाज में कल, आज और कल के सन्दर्भ में क्या रही है?

मासूमा वरदक : अफ़ग़ानिस्तान में औरत की स्थिति के तीन विभिन्न रूपस्थल हैं—एक जाति, उपजाति या क़बीले में उनको एक विशेष परिवेश में जीना पड़ता

है जो उनकी अपने समाज द्वारा निर्धारित जीवन-पद्धति है। दूसरे, ज़मींदार वर्ग, इनकी पत्नियाँ पर्दा करती हैं और जीवन की हर ज़रूरत और इच्छा के लिए अपने शौहरों का मुँह ताकती हैं कि वह कैसे और किस तरह से उन्हें रखता है, उनकी ज़रूरतें पूरी करता है। तीसरी, वह औरतें हैं जो मेहनतकश तबके से हैं और अपने मर्दों के साथ कन्धे-से-कन्धा मिलाकर काम करती हैं, उत्पादन में भी और मज़दूरी में भी। ये समस्या के प्रति बराबर सजग हैं और हर काम और कठिनाई में मर्द का बराबरी से हाथ बँटाती हैं।

इन तीनों स्थितियों में एक बात तय है कि बड़ी-बूढ़ी की बात मानी जाएगी और घर में उसी का हुक्म चलेगा। लेकिन दूसरी तरफ़ लड़की तो दूर लड़का भी अपनी मर्ज़ी से शादी नहीं कर सकता है। विधवा दूसरी शादी नहीं कर सकती है और अगर कभी-कभी अपवाद के रूप में एक-दो शादियाँ होती भी हैं तो पति के परिवार की इच्छा पर निर्भर है कि वह उस विधवा का परिवार के किसी सदस्य से पुनर्विवाह कराएँ या फिर परिवार के बाहर विवाह करने की अनुमति दें।

एक रिवाज और है अफ़ग़ानिस्तान में कि जब दो क़बीले या दो परिवार अपनी ख़ानदानी दुश्मनी को ख़त्म करना चाहते हैं तो आपस में एक या दो लड़कियों का विवाह एक-दूसरे के परिवार में करके दुश्मनी को पारिवारिक मित्रता व सम्बन्ध में बदल देते हैं। वैसे हर हुकूमत और व्यवस्था में अफ़ग़ानिस्तान में औरत-मर्द के अधिकारों को लेकर क़ानून बनाए गए थे, उन क़ानूनों पर चलने की उन्हें पूरी छूट भी थी मगर अधिकतर औरतों को अपने बारे में बने क़ानूनों का पता ही न था इसलिए औरतों ने अपना अधिकार कभी माँगा नहीं, जैसे तलाक़ का उदाहरण है। गाँव या क़स्बे में तो तलाक़ का कोई रिवाज नहीं है। शहर में यदि होता है तो उस औरत को समाज सम्मान की दृष्टि से नहीं देखता है। वैसे हमारी इस संस्था में एक विभाग क़ानून का भी है, जो औरतें क़ानून पढ़ी हैं वह औरतों की समस्याओं को सुलझाने व उनको उनके अधिकार दिलवाने में बहुत मदद करती हैं। तो भी तलाक़ के बाद घर का सारा सामान व धन-दौलत मर्द के हिस्से में आता है और बच्चे भी, लड़की सात वर्ष और लड़का नौ साल तक माँ के पास रह सकते हैं, बाद में वह पिता के पास जाएँगे। इस समय इस बात की कोशिश हो रही है कि तलाक़ के बाद दौलत व औलाद बराबर-बराबर पति-पत्नी में बाँटी जाए और औरत को भी क़ानूनी अधिकार मिले।

नासिरा शर्मा : आपके मुल्क में विधवाओं की संख्या प्रतिदिन की रफ़्तार से बढ़ रही है। क्रान्ति हुई फिर अब तक जंग जारी है। हर तरफ़ वह सुशिक्षित हो रही है तो दूसरी तरफ़ वह अपना घर बिखरता और टूटता देख रही है। औरत का भावनाओं के धरातल पर यूँ टूटना महिला प्रगति आन्दोलन को किधर ले जाएगा?

मासूमा वरदक : यह बहुत दुखद है कि कुछ लड़कियाँ तो नई ब्याहता हैं। कुछ के बच्चा होने वाला है या गोद में है। ऐसी जवान विधवाएँ सचमुच एक अपूर्ण समाज को जन्म देने वाली हैं। यह विधवा लड़कियाँ और औरतें हमारी सहायता चाहती हैं। उनका पुनर्विवाह, नौकरी, इलाज, उनकी सम्पूर्ण देखरेख हम करते हैं मगर उनकी थकी रूह और टूटे दिल को जोड़ने का काम नहीं कर सकते।

नासिरा शर्मा : इन विधवाओं में केवल सरकारी कर्मचारियों व फ़ौजियों की पत्नियाँ शामिल होती हैं या वह विधवाएँ भी आपकी सहायता के दायरे में आती हैं जिनके पति सत्ताविरोधी थे?

मासूमा वरदक : कुछ औरतें हैं जिनके पति ग़ायब है। आ उधर की लड़ाई से मरे हैं या भागे हुए हैं। उनकी पत्नियों व विधवाओं को हमें सहायता देने में कोई आपत्ति नहीं है मगर वह औरत जो मुज़ाहिदीन है वास्तव में हमारी मदद लेना पसन्द भी नहीं करती है क्योंकि वह नहीं चाहती है कोई यह जाने कि उसके पति मुज़ाहिद थे या सत्ताविरोधी समुदाय के सदस्य थे।

अभी कुछ दिन पहले बच्चों की 'परवरिशगाह' की इमारत का जब उद्घाटन हुआ था उस समय उसके अध्यक्ष ने अपने भाषण में कहा था कि यह केवल उन बच्चों तक सीमित नहीं है जिनके पिता राष्ट्रीय फ़ौज में हैं बल्कि यह उन बच्चों के लिए भी है जिनके पिता भागकर मुज़ाहिद बन गए हैं या देशद्रोही बनकर विदेश में बस गए हैं। मगर ऐसे माँ-बाप के बच्चे कम जाते हैं।

नासिरा शर्मा : हो सकता है कि उन्हें भय हो?

मासूमा वरदक : वह बाग़ी जिन्होंने राष्ट्रीय सन्धि को मानकर अपने हथियार समर्पण कर दिए हैं उनके बच्चे भी परवरिशगाह में आते हैं। और उन्हें भी नौकरियाँ दी गई हैं। भय की ऐसी कोई बात नहीं है। डरना किससे?

नासिरा शर्मा : आपके समाज में इंक़लाब के बाद एक और बदलाव आया है,

वह है औरतों में वेश्यावृत्ति का फैलना। पहले यह काम केवल चूड़ीफ़रोश औरतें करती थीं मगर अब बेकारी, जंग; भाई, पति और पिता के न रहने से, कई तरह के समाजी तनावों और दायित्वों को निभाने की मजबूरी से इनकी संख्या बढ़ रही है। इस ओर आपकी संस्था का कोई विशेष रुझान या क़दम?

मासूमा वरदक : आर्थिक और सामाजिक दृष्टि से यह एक ऐसा परिवर्तन है जो युद्धग्रस्त देशों में मर्द की कमी से आता है। दुर्भाग्य से यह हमारे यहाँ की भी एक तल्ख हक़ीक़त है।

नासिरा शर्मा : ऐसी स्थिति में एक मर्द को कितनी पत्नियाँ रखने का क़ानूनी अधिकार मिला हुआ है?

मासूमा वरदक : पुराने ज़माने में आम लोग कई पत्नियाँ रखते थे और बादशाह तो चालीस तक मगर वर्तमान इंक़लाब के पहले अफ़ग़ानिस्तान में एक पत्नी रखने का चलन था मगर अफ़सोस इधर फिर कई-कई पत्नियाँ रखने का रिवाज चल पड़ा है। यह समय का तकाज़ा भी है।

नासिरा शर्मा : इस वर्तमान इंक़लाब में क्या औरत की हिस्सेदारी रही है?

मासूमा वरदक : एक तरह से उनका हिस्सा केवल मतदाता की शक्ल में था जो संख्या में लाख-दो लाख नहीं थीं बल्कि मुश्किल से तीन-चार हज़ार के लगभग होंगी जिन्होंने बन्दूक उठाकर अपने मोहल्ले की रक्षा का भार उठाया हुआ था। इनमें से कुछ रणक्षेत्र की तरफ़ भी गई थीं।

नासिरा शर्मा : फ़िलहाल कितनी औरतें दफ़्तरों में कार्यरत हैं?

मासूमा वरदक : आँकड़े तो नहीं बता पाऊँगी मगर इतना ज़रूर कह सकती हूँ कि मैंने जब मंत्रालय में काम करना शुरू किया था उस समय मैं अफ़ग़ानिस्तान की अकेली और पहली औरत थी, उसके बाद कामकाजी औरतों की संख्या में ज़मीन व आसमान का फ़र्क़ आया है।

नासिरा शर्मा : आप महिला एकता संस्था की अध्यक्ष होने के नाते क़ैदी लड़कियों की स्थिति के बारे में क्या सोचती हैं?

मासूमा वरदक : हम बराबर उनका समाचार लेते रहते हैं। वैसे हमारे यहाँ दो तरह की महिला अपराधी हैं। एक, सियासी, जिनकी संख्या कम है जो जासूसी के जुर्म में पकड़ी गई थीं; दूसरी, सामाजिक अपराधी, जिनकी संख्या ज़्यादा है।

नासिरा शर्मा : मूलतः यहाँ की औरतें किस तरह के अपराध करती हैं?

मासूमा वरदक : चोरी, वेश्यावृत्ति, क़त्ल, बच्चों की चोरी इत्यादि।

नासिरा शर्मा : वेश्यावृत्ति में औरत अपराधी मानी जाती है मगर क्या मर्द भी सज़ा पाता है?

मासूमा वरदक : यदि वेश्यावृत्ति का लाइसेंस मिला है तब तो कोई बात नहीं मगर पति रखते हुए कोई औरत 'विश्वासघात' करती है तो उस समय ज़रूर मर्द व औरत दोनों को सज़ा मिलती है।

नासिरा शर्मा : अफ़ग़ानी औरत को नज़र में रखते हुए उसके लिए भविष्य में नई योजनाएँ?

मासूमा वरदक : भविष्य में हमारी योजनाएँ हैं मगर आप हमारा 'औरतों का क्लब' जाकर देखें जहाँ पर हमने काफ़ी काम औरतों को स्वावलम्बी बनाने के लिए शुरू किए हैं। वहाँ उनके बच्चों की देखरेख के लिए 'बाल-बाड़ी' भी है जहाँ उनकी देखभाल होती है। उम्मीद है कि हम बहुत जल्द औरतों को उनके अधिकार व शिक्षा से स्वतंत्रता का सुख दे सकेंगे।

(अफ़ग़ानिस्तान, 1992, पुस्तक : *अफ़ग़ानिस्तान : बुजकशी का मैदान* से)

सीमीन बहबहानी

ईरान

सीमीन बहबहानी से लिया गया यह साक्षात्कार उस समय का साक्षी है जब ईरान की वर्तमान व्यवस्था द्वारा दी गई स्वतंत्रता धीरे-धीरे करके अंकुश में बदलने लगी थी। एक बेकली-सी साहित्यकारों के बीच में व्याप्त थी। यह बात सबकी समझ में आ चुकी थी कि चन्द महीने की आज़ादी 'क़लम और बयान' की वास्तव में उनके चेहरे को पहचानने की थी। उनका साहित्य, उनका लेखन, उनके विचार, घर का पता और चेहरा सब कुछ खुलकर सामने आ चुका था, अब वापसी कठिन थी। नई भूमिगत जगहें एकाएक ढूँढ़ना और नए वातावरण के साथ फिर एक पुराने संघर्ष को नए तरीक़े से आरम्भ करने की तैयारी के प्रति हर साहित्यकार चिन्तित था।

सीमीन का जन्म 1927 में तेहरान में उस समय हुआ जब माँ और पिता के बीच सम्बन्ध विच्छेद होने वाला था। सीमीन के पहले पति से तीन लड़के हैं जिन्हें बड़ा करने के साथ उन्होंने स्वयं पढ़ाई जारी रखकर फ़ारसी अध्यापन का कार्यभार सँभाला और कुछ वर्ष बाद दूसरा विवाह किया। आपके तीन संग्रह : चलचिराग़, जाएपा, मरमर हैं। आपकी शायरी का संसार क्रान्ति से पहले वही परम्परागत फ़ारसी काव्य की शैली पर था परन्तु 1979 के बाद जो तब्दीली आई है उसका स्वागत उन्होंने भी किया जो सीमीन को केवल 'कुछ कह लेती हैं' जैसी शायरा कहते रहे थे।

इश्क़ ख़ुद-ब-ख़ुद आता है और...

नासिरा शर्मा : ईरान की क्रान्ति से पहले जो 'ज़बान और बयान' पर अंकुश था उस घुटन के दौर की फ़ारसी कविता अधिक गूढ़, सारगर्भित और दिल पर असर करने वाली है मगर आज जो साहित्य नए नामों के साथ छप रहा है उससे निराशा के साथ एक प्रश्न भी मन-मस्तिष्क में उठता है कि ऐसा क्यों हो रहा है?

सीमीन बहबहानी : यह बहुत महत्त्वपूर्ण समस्या है जो सबको परेशान किए हुए है। फ़िलहाल, क्रान्ति के बाद वह सारे बुद्धिजीवी जिन्होंने शाह का तख़्ता पलटने में महत्त्वपूर्ण भूमिका निभाई थी और पुरस्कारस्वरूप यातना, उम्रक़ैद, जिलावतनी, ज़ुल्म सभी कुछ सहा था वह आज कहीं नज़र नहीं आ रहे हैं। इसका यह अर्थ हरगिज़ नहीं निकालना चाहिए कि उन्होंने एकाएक काम करना छोड़ दिया है या हाथ-पर-हाथ धरे बैठे हैं। वह लिख रहे हैं मगर कुछ सियासी तकाज़े, कुछ समय की मजबूरी उन्हें ख़ामोश किए हुए है और मुझे यक़ीन है कि कल जब आज का लिखा साहित्य बाहर आएगा तो उस समय एक बार फिर उसकी सही क़ीमत आँकी जाएगी...कुछ दिन पहले अहमद शामलू की कविताओं का एक कैसेट बाज़ार में आया है...लोग काम कर रहे हैं।

नासिरा शर्मा : फ़िलहाल छपना कठिन है...?

सीमीन बहबहानी : काम हो रहा है...

नासिरा शर्मा : फ़ारसी शायरी में एक दौर ऐसा भी था जब कबूतर, सूरज, अँधेरा जैसे शब्द लिखना जुर्म समझा जाता रहा। आज क्या स्थिति है?

सीमीन बहबहानी : उस समय ऐसा था। सेंसर करने वाले चूँकि काव्य-पंडित नहीं होते थे। अर्थ की सूक्ष्मता को नहीं पकड़ पाते थे इसलिए मोटे रूप से ऐसे शब्दों जैसे जंगल, सुर्ख फूल इत्यादि लिखने के जुर्म में वह अक्सर उन शायरों को पकड़

लेते थे जो इन शब्दों का सियासी इशारा जानते ही न थे और अहसास के बयान में यह ज़रूरी शब्द जानकर प्रयोग कर बैठे थे। इसलिए वह स्वयं नहीं जान पाते थे कि किस जुर्म में वह हवालात में बन्द हैं...बाद में उन्हें यह कहकर छोड़ दिया जाता था..."इन्शाअल्लाह आगे से देश की प्रगति व उन्नति के बारे में कविताएँ लिखोगे..." साथ-ही-साथ उस दौर में बेहद सूक्ष्म, गहरी और तीखी शायरी भी लिखी गई, छपी मगर उसे वह पकड़ नहीं पाते थे।

नासिरा शर्मा : फ़ारसी शायरी में व्यापकता है तो भी वह 'इश्क़ की शायरी' के नाम से ही संसार में जानी जाती है, ऐसा क्यों?

सीमीन बहबहानी : फ़ारसी शायरी में जब 'इश्क़' का ज़िक्र आता है तो वह संकुचित अर्थों में नहीं लिया जाता है बल्कि उसकी अभिव्यक्ति का धरातल निज होते हुए भी सर्वव्यापी होता है और अभिप्राय का उसका संसार बहुत विस्तृत होता है तो भी फ़ारसी का प्राचीन साहित्य उपदेशों व सत्य वचनों से भरा हुआ है। रुदकी (फ़ारसी के पहले कवि जो जन्म से अन्धे थे) के शेरों के लिए काव्य-परख-दृष्टि रखने वाले साहित्यशास्त्री और समीक्षक कहते हैं कि जिस शेर में उपदेश हो वह शेर कभी भी काव्य की कसौटी पर पूरा नहीं उतरता है। लेकिन मेरा विचार है कि इन्हीं नैतिक मूल्यों और उपदेशों से भरे, सत्य वचनों भरी शायरी में ऐसे शेर पटे पड़े हैं जो इनसानी अहसास और उसकी अभिव्यक्ति की बेजोड़ मिसालें हैं, वह आपके सामने तस्वीर खींचकर रख देते हैं।

नासिरा शर्मा : परवीन एतसामी की शायरी के बारे में आप क्या कहेंगी जो उपदेशों से भरी है। जिसको 'बहार' जैसे महान कवि ने बहुत सराहा है और लिखा है कि उसे ज़िन्दाजावेद बनाने के लिए उसकी एक नज़्म 'सफ़र-ए-अश्क' (आँसू-यात्रा) काफ़ी है।

सीमीन बहबहानी : परवीन की शायरी नैतिक मूल्यों, उपदेशों, प्रतिदिन घटने वाली घटनाओं पर आधारित है मगर इस सबके बावजूद अपने में सम्पूर्ण कविता के वज़न और तेवर लिए हुए है। उसमें मानवीय भावनाओं की सूक्ष्मता है, प्रखरता और मुखरता है। मैं एक विशेष आयु तक परवीन से काफ़ी प्रभावित थी और उसकी तरह कविता कहना मेरी सबसे बड़ी अभिलाषा थी फिर...हर शायर एक समय बाद अपनी तरह उगता है, अपनी अभिव्यक्ति का एक अलग संसार रचता है और चुनता

है। परवीन की बहुत-सी नज़्में हैं जिन्हें पढ़कर दिल हिल जाता है...परवीन के यहाँ सोच बहुत ठोस है और अहसास की शिद्दत एक विशेष रूप से सँभली हुई है।

नासिरा शर्मा : कहा जाता है कि परवीन स्वयं शेर नहीं कहती थीं, किसी ग़रीब शायर का कलाम उसके अमीर पिता अपनी तलाक़शुदा दुखी लड़की के लिए ख़रीदकर उसे समाज में सम्मान देना चाहते थे?

सीमीन बहबहानी : हाँ...मगर उसके मज़ार पर जो शेर है वह उसी ने कहा था, उस वज़न के शेर उसके दीवान में मौजूद हैं। यह कहना कि उसकी शायरी 'मर्दाना अहसास' की शायरी थी बिलकुल ग़लत है। उसके यहाँ ज़नाना लतीफ़, नाजुक अहसास का भी बयान है जैसे कबूतर, बहेलिया, बिल्ली, सूई-धागे का वार्तालाप, दाल और फली का ज़िक्र...हाँ, उसकी बहुत-सी कविताएँ हैं जो ऐतिहासिक आयामों से अलग हटकर हमें प्रतिदिन की ज़िन्दगी के बारे में बताती हैं...इस बात में क्या रखा है...व्यक्तिगत पसन्द-नापसन्द का कोई अर्थ नहीं रह जाता जबकि एक बड़ा काम हमारे हाथ में किसी भी नाम से आया हो, काम का महत्त्व कम नहीं करता है...इसलिए हमारे हाथ में पकड़ा यह दीवान परवीन एतसामी का है जो आदर और सम्मान का पात्र है।

नासिरा शर्मा : आपकी समकालीन दूसरी महत्त्वपूर्ण शायरा फ़रोग़ फ़र्रुखज़ाद के बारे में आपके विचार?

सीमीन बहबहानी : मेरी नज़र में फ़रोग़ एक अति संवेदनशील शायरा थी और जो अहसास की तस्वीर खींचने में माहिर थी, इसमें कोई दो राय नहीं। उसका पहला संग्रह 'आसीर' (क़ैद) की नज़्में बेहद संवेदनशील ज़नाने अहसास की सूक्ष्मता की ज़िन्दा तस्वीर हैं...इस तरह की अभिव्यक्ति फ़ारसी शायरी में नई थी। उसके चौथे संग्रह 'तवल्लुद-ए-दीगर' (दूसरा जन्म) तक आते-आते उसने लम्बा सफ़र तय किया है। वह स्वयं कहती थी कि उसकी टेकनीक में पुख़्तगी आई है...

नासिरा शर्मा : कुछ समीक्षक तो उसे शायरा ही नहीं समझते हैं और जब उनसे प्रश्न किया जाता है कि 'तवल्लुद-ए-दीगर' के बारे में आपके विचार क्या हैं तो वह कह उठते हैं कि एक फूल से बसन्त नहीं आता है।

सीमीन बहबहानी : मैं इसे नहीं मानती हूँ। उसके यहाँ भावनाएँ हैं, विचार हैं,

भले ही वह उसके व्यक्तिगत अहसास की अभिव्यक्ति हो मगर हर इनसान उसकी ईमानदारी को समझता है और उसमें अपनी तस्वीर देखता है। माना कि फ़रोग़ परवीन की तरह समाज को अपना केन्द्रबिन्दु नहीं मानती है बल्कि अपने निज दुख को समाज में देखती है और यह सही भी है क्योंकि स्वयं आप समाज में ही मौजूद होते हैं। उसकी व्यक्तिगत और सामाजिक दृष्टि का मिलन उसके दूसरे संग्रहों 'दीवार' या 'इमान बियावरीम बे आगाज़-ए-फ़सल-ए-सर्द' (विश्वास कर ले शीत ऋतु के आरम्भ में) में नज़र आता है जो 'तवल्लुद-ए-दीगर' तक आते-आते मुखर हो उठता है। मगर उसके पहले के तीनों संग्रहों को नकारा नहीं जा सकता है क्योंकि वही फ़रोग़ से हमारी पहचान कराते हुए उसके अन्तिम पड़ाव की महिमा बताते हैं।

नासिरा शर्मा : आपकी शायरी के बारे में मुझे महसूस होता है जैसे इन दोनों शायराओं के प्रभाव आपके यहाँ मौजूद हैं...भावुकता, नैतिकता, सामाजिकता और अब तो सियासी रंग भी झलकने लगा है।

सीमीन बहबहानी : मैंने बताया तो कि मैं परवीन से प्रभावित रही हूँ मगर मुझमें फ़रोग़ वाली हिम्मत नहीं थी, जो मैं प्रेम-प्रसंग को खुलकर बयान कर सकती। मेरा विश्वास इशारों में, पर्दे-दर-पर्दे बात कहने पर है।

नासिरा शर्मा : मैं आपकी बात से सहमत हूँ कि जज़्बात के बयान में एक ख़ास नज़ाकत और इशारा ही वास्तव में साहित्य है तो भी आप किन शायराओं को इस समय महत्त्वपूर्ण समझ रही हैं?

सीमीन बहबहानी : (बहुत लम्बी ख़ामोशी) फ़रोग़ के अलावा मुझे कोई औरत उसके बराबर खड़ी नज़र नहीं आती है जो फ़रोग़ की तरह जज़्बात के बहाव और तीव्रता के लिए एक मुक्त, सहज अभिव्यक्ति की मालिक हो। जो शायरा आईं भी तो वे बनावटी लगीं फ़रोग़ के सामने...

नासिरा शर्मा : नाम यदि...?

सीमीन बहबहानी : नाम लेना मुश्किल है...बहुत हैं कहाँ तक गिनाऊँ...बहुत हैं जो शायरी करती हैं मगर असली शायरा...

नासिरा शर्मा : ईरान में हर दूसरा व्यक्ति शायरी कर सकता है...

सीमीन बहबहानी : परवीन दौलताबादी वास्तव में बहुत बड़ी पेंटर हैं जो भावनाओं की तस्वीर खींच लेती हैं। उनके शेर सचेत और एक विशेष पवित्रता है उनके यहाँ । परवीन बामदाद के यहाँ सोच है। याद इस्फाहानी में उनके प्रान्तीय रंग ने उन्हें महत्त्वपूर्ण अवश्य बनाया पर वह ईरान से चली गईं सो ज़मीन से उखड़ गईं। ताहिरा सफ्फारज़ादे पहले फ़रोग़ से प्रभावित थीं मगर बाद में उनका अपना रंग झलका, बहुत घूमी हैं। हिन्दुस्तान में भी रह चुकी हैं। उनका काव्य-संसार बड़ा है और अब वह धर्म से क़रीब हैं और इस मज़हबी लगाव के साथ शायरी करने में कितनी क़ामयाब हो पाई हैं मैं नहीं कह सकती। मगर हाँ इनकी शायरी दिमाग़ी है, जो देखती हैं बयान कर देती हैं मगर वे जज़्बात से कोसों दूर रहती हैं।

नासिरा शर्मा : आपने शायरी करना कब शुरू की?

सीमीन बहबहानी : बचपन में...मेरी माँ शायरा थीं, बाबा अदीब...घर का माहौल साहित्यिक था।

नासिरा शर्मा : आप किससे प्रभावित थीं? शायरा से या अदीब से?

सीमीन बहबहानी : माँ ने मुझे बनाने में बहुत मेहनत की है। वह बराबर प्रोत्साहन देती रहीं। दोनों लिखने और उसे सँवारने में मेरी मदद करते थे मगर मैं प्रभावित किसी से नहीं थी। माँ और बाबा का अपनी इच्छा से मुझे दिया हुआ जो भी था उसको न मानने का हठभरा विद्रोह वास्तव में एक व्यक्तिगत उन्नति और नस्लों के आपसी भेद को दर्शाता है जो हक़ीक़त है, इसलिए उनके देने के बाद भी मैं उनकी तरह न बनकर अपनी तरह बनी।

नासिरा शर्मा : विवाह के बाद कोई ऐसा दौर जब शायरी ने आपको तोड़ा हो!

सीमीन बहबहानी : इस मामले में मैं भाग्यशाली हूँ...बदक़िस्मती से मैंने दो बार विवाह किया मगर ख़ुशक़िस्मती से दोनों पति मेरे प्रति सहानुभूति के साथ मेरी शायरी के प्रति आदर भाव रखते थे। प्रोत्साहन भी देते। कभी विरोध नहीं किया। दूसरे शौहर अधिक सरोकार व्यक्त करते...एक बात कहना चाहूँगी, यदि मैं दस बार भी विवाह करती तो उससे मेरी शायरी प्रभावित होने वाली नहीं थी, जो मैं हूँ वही रहती।

नासिरा शर्मा : क्या शौहर, बच्चे और घर...?

सीमीन बहबहानी : क्यों नहीं, ज़िम्मेदारियाँ परेशानी लेकर आती हैं। इस बारे में मैंने एक ग़ज़ल भी कही थी। मगर जब जज़्बात में शिद्दत हो, फ़िक्र में बेचैनी हो उस समय अहसास को संसार की कोई ताक़त भी काग़ज़ पर आने से रोक नहीं सकती...हाँ, कभी-कभी मन ज़रूर करता है कि...काश! मेरे ऊपर कोई ज़िम्मेदारी न होती। पूर्ण स्वतंत्र होती और जमकर काम करती...मेरी एक दोस्त ने मुझसे एक बार बड़ी उदासी से कहा था कि 'अब शायरी कहाँ रह गई, शादी होते ही सब कुछ भूल गई।' यह बात मैंने अपनी दूसरी दोस्त जो स्वयं शायरा है, से कही, सुनकर बोली, 'वह शायरा नहीं थी, जो वास्तव में शायर होते हैं वह अपनी ज़िन्दगी से जुदा भले हो जाएँ मगर शायरी नहीं छोड़ सकते हैं...'

नासिरा शर्मा : इश्क़ के बारे में आपके विचार विशेषकर तब जब आपने उस अहसास का दो बार स्पर्श किया हो?

सीमीन बहबहानी : 'इश्क़' बहरहाल एक हक़ीक़त है जो ज़िन्दगी के लिए ज़रूरी है, जो ख़ुद-ब-ख़ुद आता है और ख़ुद-ब-ख़ुद चला जाता है। जब आता है तो आप रोक नहीं सकते हैं और जब जाता है तो थाम नहीं सकते हैं। यह वह चीज़ है जो अपने हाथ में नहीं है कि हम कह सकें जाओ और आओ।

नासिरा शर्मा : आजकल आप क्या लिख रही हैं?

सीमीन बहबहानी : जो कुछ नया मैं लिख रही हूँ उससे बहुत ख़ुश हूँ। ख़ासकर मैं ग़ज़ल की एक रिफ़ार्म दे रही हूँ। अभी तक फ़ारसी में सब्के-एराक़ी और सब्के-हिन्दी का चलन था, फिर 'सब्के-एराक़ी' आ गई। अब मेरी कोशिश यह है कि जो विस्तार नई कविता में अनुभव और विचार की दृष्टि से आया है वही मैं ग़ज़ल को दूँ। वज़न और फ़ार्म ग़ज़ल वाला रहे मगर उसके अन्दर जो बयान हो उसका विस्तार ठीक नई कविता जैसा हो। कभी-कभी मैंने वज़न भी बदला है। मेरे इस नए उठाए क़दम को पसन्द किया जा रहा है। मेरे साहित्यिक मित्र अब्दुल हसन नजफ़ी इस सिलसिले पर काम भी कर रहे हैं। लोगों को मेरी यह नई ग़ज़लों का अन्दाज़ बहुत पसन्द आया है। हौसला बढ़ा है। आगे काम करना है बहुत जमकर...

नासिरा शर्मा : नई कविता के बारे में आप क्या सोचती हैं, जबकि आज वही कविगण का हथियार और पाठकगण का दर्पण बन चुकी है। इस समय ग़ज़ल पर इस अन्दाज़ को लाना...?

सीमीन बहबहानी : नई कविता ने बहुत बड़ा काम किया है, अनुभव, अभिव्यक्ति का नया संसार रचा है जहाँ आम आदमी की बात कही और सुनी जाती है।

नासिरा शर्मा : नई कविता आज की ज़बान है जो आज की समस्या की सही अभिव्यक्ति है और उस समस्या का वर्णन ग़ज़ल, मसनवी, बैत इत्यादि में यदि ग़ैरमुमकिन नहीं तो मुश्किल तो है, फिर आप नए विषय को लेकर भी नई अभिव्यक्ति के फ़ार्म को न लेकर ग़ज़ल को क्यों वह ज़बान देना चाहती हैं?

सीमीन बहबहानी : ग़ज़लें ही कहती आई हूँ और मुझे महसूस होता है कि इस ज़मीन पर मैं कुछ नया खड़ा कर सकती हूँ जो परम्परागत होने के साथ-ही-साथ कुछ नया भी दे ताकि शायरी का यह पुराना फ़ार्म दोबारा नई ज़िन्दगी हासिल करके अपना सफ़र जारी रखे।

नासिरा शर्मा : मर्जियेह उस्कोई के बारे में आपके विचार—जिसका कहना था कि न वह शायरा है न लेखिका, बल्कि जो कुछ है वह उसका जीवन है जो स्वयं में एक साहित्य होगा?

सीमीन बहबहानी : मैंने उसे पढ़ा नहीं है...

नासिरा शर्मा : मैंने उसके कुछ शेर अनुवाद किए हैं। मेरी पुस्तक 'इकोज ऑफ़ ईरानियन रेवेलूशन' में आपने देखा होगा। अब तो उनकी एक पुस्तक भी दो वर्ष पहले छपकर आ गई है।

सीमीन बहबहानी : याद आया...मुझे इस प्रकार की शायरी पसन्द नहीं आती। न मेरे मन पर असर डालती है। प्राकृतिक सौन्दर्य का वर्णन करते-करते एकाएक प्रतिशोध की आग में सुलगना मुझे विचार के बिखराव की तरफ़ बढ़ता नज़र आता है।

नासिरा शर्मा : फ़ारसी साहित्य में फ़रोग़ ने जिस ज़नानी अभिव्यक्ति को स्थान दिया उसने एक नया आयाम जोड़ा। मुझे जब शब्द 'ज़नानी संवेदना' साहित्यिक रूप से सुनने को मिला उसमें एक गरिमा और गूढ़ता नज़र आई, लगा कि यह एक गुण के रूप में कहा जा रहा है मगर कभी-कभी दूसरे देशों व भाषाओं में यह शब्द एक संकुचित अनुभवहीन मानसिकता की तरफ़ इशारा करता है, क्या आप ऐसा कुछ महसूस करती हैं?

सीमीन बहबहानी : नहीं...औरत की शारीरिक बनावट का प्रभाव उसकी सोच और आत्मा को प्रभावित करता है, उसी तरह जैसे मर्द की...मगर यह प्रश्न अपने में बेबुनियाद है कि कौन महत्त्वपूर्ण है कौन नहीं है? किसकी भावना का आदर होना चाहिए किसका अनादर? एक समाज में दोनों के विचार और भावनाएँ महत्त्वपूर्ण होती हैं, एक को दूसरे के चलते नकारा नहीं जा सकता है। औरत अपनी तरह सोचेगी, मर्द अपनी तरह; मगर इससे अलग विचार और भावनाओं का साहित्यिक मूल्य क्या होगा—यह मर्द-औरत के पैमाने से नहीं बल्कि जज़्बात, गूढ़ता, सूक्ष्मता, सुन्दरता और बयान की सार्थकता से आँका जाएगा न कि किसी लेबिल से कि कौन क्या है।

नासिरा शर्मा : नीमा योशीज के बिना नई कविता पर बात अधूरी रह जाती है जो कि 'बाबा-ए-शेरे-नव' हैं, उनके बारे में आपके विचार?

सीमीन बहबहानी : नीमा ने बहुत बड़ा काम किया है। यदि यह साहस वह न जुटा पाते तो आज फ़ारसी 'नई कविता' को यह दिशा और ज्ञान नहीं मिलता। नीमा से पहले भी कुछ लोगों ने फ़ारसी कविता को नयापन देने का प्रयत्न किया मगर उनके प्रयास शब्दों तक आकर दम तोड़ गए। हवाई जहाज़, ट्रेन, डेमोक्रेसी, डिक्टेटरशिप इत्यादि शब्दों का चलन उस समय आम हो गया था मगर नीमा वह तन्हा व्यक्ति था जिसने सोचा था कि वास्तव में इस बदलाव के लिए क्या करना चाहिए और नया ख़ून फ़ारसी शायरी की शिराओं में कैसे दौड़ाया जाए...उसने तस्वीर बदली, अभिव्यक्ति बदली, विचार और शब्द बदले, यहाँ तक कि व्याकरण के भी कुछ उपयोगी प्रयोग किए...कुछ उपमाएँ, कुछ सिम्बल फ़ारसी शायरी में प्राचीनकाल से चलते-चलते घिस गए थे, प्रभावहीन हो गए थे, जैसे होंठ के लिए 'लाल' और आँखों के लिए 'नरगिस', फिर फ़ारसी में मसनवी (काव्य खंड) को छोड़कर जहाँ एक लम्बी कथा का बयान होता था, सभी शेर अर्थ की दृष्टि से अपने में पूर्ण होते हैं। इसके स्थान पर नीमा 'तर्कसंगत' 'निज़ामे मन्तिक' लाए जिससे भाव और विचार का निरन्तर आपसी बहाव होता है और एक शेर भी निकल जाने से उस समझ का बहाव अवरुद्ध हो उठता है।

नासिरा शर्मा : यदि नीमा फ्रेंच भाषा को न जानते और इतना प्रभावित न होते तो क्या इस तरह का साहस जुटा पाते?

सीमीन बहबहानी : यह हक़ीक़त है कि अन्य भाषा को जानना, समझना, उससे सीखना हर बुद्धिजीवी के लिए महत्त्वपूर्ण होता है और उसकी समझ को खोलता है, लेकिन अकेले नीमा तो फ्रेंच भाषा नहीं जानते थे? हमारे यहाँ फ्रेंच संस्कृति एक दौर में छाई हुई थी, अनुवाद-भाषा, अभिव्यक्ति सभी कुछ...एक चीज़ हम सब देख रहे थे, उसके आदी हो चुके थे मगर एक दृष्टि विशेष होती है जो उसमें से कुछ और देखती है और वह दृष्टि नीमा के पास थी।

नासिरा शर्मा : वर्तमान व्यवस्था के बारे में आप कुछ कहना चाहेंगी?

सीमीन बहबहानी : ज़रूर मगर मौसम थोड़ा बेहतर हो जाए...

(*साक्षात्कार* पत्रिका, 1989)

ख़ानम शीरिन

ईरान

ख़ानम शीरिन एक ख़ूबसूरत व्यक्तित्व की मालिक हैं। उनसे मेरी मुलाक़ात दिल्ली में 2007 में हुई। दरअसल वह मेरे दोस्त की दोस्त हैं। शीरिन एक गायिका हैं। हिन्दुस्तान में वह जहाँ भी जातीं खुलकर गातीं। क्लासिक फ़ारसी कवियों की ग़ज़लें सुनकर कोई भी उनकी आवाज़ का क़ायल हो जाता है। निज़ामुद्दीन औलिया की दरगाह में अपनी श्रद्धा वह अमीर ख़ुसरो और औरंगज़ेब की शायरा बेटी ज़ैबुन्निसा को उस तरह नहीं दे पाईं जैसी वह देना चाहती थीं। पूरी शाम क़व्वाली सुनने के बाद वह मुजाविर साहब के हुजरे में हाफ़िज़ की ग़ज़लों को गा पाईं। जिसको सुनने के लिए क़व्वाल भी दरख़्त के साए में आकर खड़े हो गए थे।

शीरिन के अन्दर की दुनिया उनके चेहरे और शख़्सियत से ज़्यादा ख़ूबसूरत है। वह म्यूज़िक क्लास का आयोजन अपने घर में करती हैं जिसकी इजाज़त उन्हें मिली हुई है मगर उसकी हदें सीमित हैं। युद्ध और दूसरे कारणों से जिन लड़कों की मानसिक दशा सही नहीं है उनका उपचार संगीत द्वारा करती हैं। शीरिन का एक बेटा है जो कहानियाँ लिखता है। शीरिन को भारतवर्ष अच्छा लगता है। ख़ासकर मिर्च-मसाले वाला खाना। उनका कहना है ऐसा खाना खाकर उन्हें सुरूर आ जाता है।

ग़ालिब ने बरसों पहले जो सच अपने शेर में कह डाला था उसका अन्दाज़ा शीरिन को देखकर लग जाता है। ग़म उनके लिए सिर्फ़ दवा ही नहीं बना है बल्कि जीने की ताक़त बना है। उनका हँसमुख चेहरा और पहली नज़र में चीज़ों को समझ लेना उनके अनुभव से भरे जीवन की तरफ़ संकेत करता है। शीरिन हर दूसरे वर्ष भारतवर्ष आती हैं मगर कोशिशों के बावजूद वह किसी हिन्दुस्तानी संगीतकार या गायक से नहीं मिल पाई हैं। विदेश से उनका बुलावा आता है मगर स्टेज और महफ़िलों में गाना उन्हें पसन्द नहीं है।

जहाँ कोयल कूक न सके

नासिरा शर्मा : आज बरसों बाद कोई ईरान से इस तरह हमारे घर आया है ख़ुशआमदीद।

ख़ानम शीरिन : तशक्कुर! (एक ज़ोरदार क़हक़हा ज़िन्दगी से भरपूर)

नासिरा शर्मा : ईरान की कितनी यादें हैं जो अक्सर सरसराती-सी ज़हन से गुज़र जाती हैं। वे सारे चेहरे...

ख़ानम शीरिन : चेहरे...और चेहरे! (शीरिन इतना कह चुप हो गई)

नासिरा शर्मा : ईरान का हाल अख़बारों से तो मिल जाता है मगर सचमुच ईरान में गुज़र क्या रहा है उसका अन्दाज़ा भी नहीं लगा पाती हूँ...सोचती ही रह जाती हूँ कि एक चक्कर ईरान का लगा लूँ मगर जाने क्या सोचकर रुक जाती हूँ...वीज़ा मिले या न मिले।

ख़ानम शीरिन : ईरान एक बेहद बुरी जगह में तब्दील हो चुका है। दुनिया के सबसे अच्छे लोग जो दुनिया को हसीन बनाने का ख़्वाब देखते हैं, उसे अपने सुरों, क़लम, ब्रश, छेनी-हथौड़ी से सजाते-सँवारते हैं, वे बेहद तकलीफ़ में हैं।

नासिरा शर्मा : मैंने सोचा...

ख़ानम शीरिन : (क़हक़हा मारकर) यह सोचना ही तो मारक है। मैं अभी जयपुर में थी। मौसम अच्छा था। माहौल में ताज़गी थी, मैं धीरे-धीरे मौलाना रूभी की ग़ज़ल गुनगुना रही थी। पता नहीं मेरे अन्दर किस परिन्दे ने परवाज़ भरी और मैं भूल गई कि रेस्ट्राँ में बैठी हूँ। बुलन्द आवाज़ में गाने लगी। ऐसा महसूस हो रहा था कि मैं अरसे बाद अपने अन्दर सफ़र ही नहीं कर रही हूँ बल्कि अपनी खोई

रूह को फिर से पा गई हूँ। एकाएक मेरी आँख तालियों की गड़गड़ाहट से खुली तो देखा बाक़ी लोग अपनी-अपनी कुर्सियों से खड़े हो तालियाँ बजा रहे हैं। उनके दिए इस हौसले ने मेरे अन्दर के ख़ौफ़ को ऐसा तोड़ा कि मैं गई रात तक अमीर ख़ुसरो, हाफ़िज़, फ़ारसी के दूसरे कवियों को सुनाती रही। सब बैठे इस तरह सुनते रहे जैसे कन्सर्ट चल रहा हो।

नासिरा शर्मा : इस तरह पब्लिक में कब से नहीं गाया था?

ख़ानम शीरिन : हो रहे हैं कोई पचीस साल...शायद कम या ज़्यादा...(कुछ देर हमारे बीच ख़ामोशी छाई रही फिर वे हँसीं।)

नासिरा शर्मा : इस तरह हँसी क्यों?

ख़ानम शीरिन : एक उदास शाम पतझड़ की जब दिल तन्हाई से बेक़रार था, मैं पैदल चल रही थी, एकाएक मैंने गुनगुनाना शुरू कर दिया और धीरे-धीरे मेरी आवाज़ एकान्त देख ऊँची और ऊँची होती गई तभी दो पासदार मेरे दाएँ-बाएँ बन्दूक उठाए पहुँच गए और बोले—"आप गाना गा रही थीं? पता है न आपको क़ानून?" उनकी यह बात सुन मैं सन्नाटे में आ गई। कुछ लम्हे चुप रही फिर एकाएक चौंककर बोली, "गाना? कैसा गाना?" उन्होंने मुझे घूरा, फिर कुछ खुरदरे लहजे में बोले, "वही जो आप अभी गा रही थीं।"

"मैं तो कुछ नहीं गा रही थी। शाम को टहलने निकली थी वह भी डॉक्टर की सलाह से।"

"चलिए...हमारे साथ।"

"किसलिए?"

"पब्लिक जगह पर गाना गाने के जुर्म में?"

"मगर आपके पास सबूत कहाँ है?" मेरे इस तरह कहने पर वे दोनों जवान मर्द कुछ पल मुझे घूरते रहे फिर हँस पड़े। दरअसल हर शख़्स अपनी तरह जीने में सुख महसूस करता है। मैं यहाँ जब से आई हूँ यक़ीन मानें रास्ता, पार्क, बाग़, बस, रेस्ट्राँ, होटल, जहाँ चाहती हूँ गाती हूँ, मस्त होकर गाती हूँ, मुझे यह आज़ादी कितनी ख़ूबसूरत लग रही है बता नहीं सकती हूँ।

नासिरा शर्मा : शाह के दौर में हुवैदा, गूगूश जैसी गायिका सिर्फ़ लोकप्रिय ही नहीं

बल्कि अच्छी फ़नकारा भी थीं। चूँकि वह सिस्टम का हिस्सा ज़्यादा नज़र आती थीं शायद उस घृणा के चलते गाने-बजाने पर इतनी सख़्ती हुई।

ख़ानम शीरिन : यह एक सच हो सकता है मगर एक सच यह भी है कि गाना-बजाना ईरानी मिज़ाज का एक हिस्सा है, उसको अलग किया ही नहीं जा सकता था इसलिए खुमैनी ने ख़ास तौर से कहा कि हमारी नई पीढ़ी यूरोपियन संगीत की तरफ़ मुड़ जाएगी जिससे हमको गहरा नुक़सान पहुँचेगा, तो बेहतर है हम उसको क़ौमी तरानों, नज़्मों और मज़हबी इज़हारों में तब्दील कर दें। रात-दिन गूगूश और हुवैदा की जगह ये सब बजता है, कम-से-कम ईरानियों के मिज़ाज के मुताबिक़ उन्हें लय और ताल तो मिल रही है। मैं भी यही काम कर रही हूँ। गाना सिखाती हूँ घर में, स्कूल खोलने की इजाज़त मिली है। राग, धुन, तान की परम्परागत शैली पर वही तराने...

नासिरा शर्मा : ताज्जुब है!

ख़ानम शीरिन : ताज्जुब नहीं मजबूरी है क्योंकि इसमें आपको इतनी छूट तो है कि आप सवाल उठाएँ। बहस करें और पुरानी बातों को नए ज़माने की ज़रूरतों के साथ बदल सकें। इसलिए मौसीक़ी की जड़ें ईरान में मौजूद रहीं। मैं भी एक साँचे तक उसको निबाह रही हूँ।

नासिरा शर्मा : कहीं बाहर जाकर प्रोग्राम देने का दिल नहीं चाहता?

ख़ानम शीरिन : नहीं, दोस्त, जानने वाले, पसन्द करने वाले बहुत कहते हैं मगर मेरा दिल नहीं चाहता। आख़िर लौटना तो ईरान ही है फिर ऐसी दोहरी ज़िन्दगी जीने का फ़ायदा भी क्या?

नासिरा शर्मा : ईरान के इंक़लाब को तीस साल गुज़र गए?

ख़ानम शीरिन : हाँ, तब हमारे पास सब कुछ था। मेरा महबूब, मेरा घर, हमारे सोचने का अन्दाज़। जानती हैं आप जब वह मेरे शौहर को कम्यूनिस्ट होने के जुर्म में पकड़कर ले गए तो उस वक़्त मैं गर्भवती थी। ख़ूबसूरत शौहर क्या होता है इसका अन्दाज़ा वह जवान लड़की लगा सकती है जो जवानी में बेवा हुई हो। उसे कैंसर था। जेल ने उसके मर्ज़ को इतना बढ़ा दिया कि...एक लम्बा रास्ता ख़ौफ़,

भूख, बेकारी का मैंने कैसे गुज़ारा अब यक़ीन नहीं आता। बेटा बड़ा तो हो गया मगर दिल की बीमारी के साथ। बच्चों ने इस इंक़लाब के दौर में कितना सहा है उसका अन्दाज़ा लगाना बहुत मुश्किल है, मगर उसकी लानत हम आज भी झेल रहे हैं। संगीत द्वारा उन किशोर-किशोरियों का हम इलाज कर रहे हैं जो हर तरह से टूट चुके हैं मगर बराए नाम ज़िन्दा हैं। ईरान-इराक़ जंग ने तो गाँव के गाँव पलभर में तबाह कर दिए थे। ईरान के हालात इतने पेचीदा हैं कि कहीं मौजूदा सरकार के कुछ क़ानून ठीक लगते हैं मगर जब उन्हें प्रतिक्रिया के रूप में न देख आज नए ज़माने और ज़रूरत के मुताबिक़ देखो तो वह ग़ैरज़रूरी और बेहूदा लगते हैं। शायद इसलिए भी कि हमारा वर्ग ज़्यादा सह रहा है।

नासिरा शर्मा : ईरानी बुद्धिजीवी तो हर काल में अपनी आज़ादी के लिए लड़ते नज़र आते हैं।

ख़ानम शीरिन : उसकी सबसे बड़ी वजह है कि हमारे दानिशमन्द और फ़नकार हर दौर में मौजूद सरकारों व हुकूमतों पर एतराज़ करते रहे हैं। उनके आगे सिर नहीं झुका सके। अब इसको आप ईरानी मिज़ाज कह लें या फिर सिरफिरापन।

नासिरा शर्मा : औरतें भी कितनी बार सिस्टम के बनाए खाँचे से अपने को लहूलुहान कर चुकी हैं। जब रज़ाशाह कबीर ने औरतों को यूरोपियन लिबास पहनने और सिर से चादर हटाने का हुक्म दिया तब हाहाकार मचा, फिर फ्रॉक और मेकअप के चलते तेजाब डालने का डर दिखा फिर से चादर और लम्बे लिबास को उन्हें पहनने पर मजबूर किया।

ख़ानम शीरिन : महीने में हम सब औरतें एक बार चाय की प्याली के संग अपनी-अपनी रूदाद कहने बैठते हैं। हमारा एक दुश्मन हो तो उसका मुक़ाबला करना आसान हो मगर यहाँ सियासत है। मज़हब है। वह मज़हब नहीं जो किताब में लिखा है बल्कि वह मज़हब जो अवाम को ख़ुदा की नहीं बल्कि अपनी रय्यत समझता हो। जब नज़रिया यह हो तो फिर क्या औरत, क्या मर्द सभी ज़ुल्म के शिकंजे में कसे जाते हैं। तीसरे, मर्द-औरत के बीच का फ़र्क़। ख़ुदा लाख कहे कि उसके लिए सारे बन्दे बराबर हैं, औरत-मर्द में कोई फ़र्क़ नहीं मगर जब दुनियावी ख़ुदा इस बात को समझे तब न। यहाँ मैं जिस आज़ादी से बालों की चोटी बाँधकर सिर खुला रखती हूँ, टॉप और पैंट पहनकर घूमती हूँ वहाँ ऐसा नहीं कर सकती हूँ।

असली शर्म तो आँखों की होती है। मगर वे चाहते हैं कि औरत सिर से पैर तक हरदम कफ़न लपेटे रहे।

नासिरा शर्मा : बात सिर्फ़ अर्थशास्त्र की है। अगर इकोनॉमिकली विकासशील देश विकसित हो जाते हैं तो विकसित देशों का क्या होगा? इसलिए ऐसे देशों को अन्तर्राष्ट्रीय स्तर पर और राष्ट्र के स्तर पर इस तरह उलझाया जाता है कि उनके देश की तरक़्क़ी सही दिशा में हो ही नहीं पाती है। या तो वह आपस में लड़ते रहते हैं या फिर बाढ़ और अकाल से जूझते रहते हैं। ईरान की जो आर्थिक नाकाबन्दी 1979 में अमेरिका ने करने की कोशिश की थी वह ईरान को माली तौर से तोड़ने की थी मगर इस्लामिक इंक़लाब की सबसे बड़ी व अच्छी नीति ने स्थिति सँभाल ली—वह थी जिहादे साज़न्दगी के ज़रिये गाँव की खेती में सुधार। कम-से-कम आदमी आयात की हुई महँगी चीजें खाने पर मजबूर तो नहीं हुआ वरना उसका इराक़ जैसा हाल होता गोकि खेती वहाँ भी अर्थव्यवस्था में पेट्रोल के बराबर तो नहीं मगर हाँ, अच्छा योगदान देती रही है।

ख़ानम शीरिन : बात तो यही है मगर कुछ इलाक़े ऐसे भी दुनिया के होते हैं जहाँ के लोग माली हालात की बदहाली से इतना नहीं टूटते जितने अदबी और तहज़ीबी गिरावट से बेदम हो उठते हैं। रूहानी थकन और रूहानी मौत का सिलसिला ईरानियों की तर्जे ज़िन्दगी बनता जा रहा है। ऐसा क्यों हो रहा है जबकि हमारी बेदारी की दास्ताँ हज़ारों वर्ष पुरानी है। विरासत को बदला नहीं जा सकता है और ज़्यादातर लोग इसी विरासत के जादू से निकल नहीं पाते हैं। वह एक तरह से अच्छा भी है और बुरा भी।

नासिरा शर्मा : ईरान की नई पीढ़ी ने सियासत के चलते भयानक अनुभव जो प्राप्त किए हैं उससे मानसिक बदलाव तो आया होगा, ख़ासकर ज़िन्दगी को देखने का व्यावहारिक अन्दाज़ वरना...

ख़ानम शीरिन : यह तो है अपनी जगह मगर एक सोच और भी उभरी है जो जड़ है। उसकी तादाद पहले कम थी अब ज़्यादा। महँगाई, बेकारी ने हमारी कमर तोड़ रखी है। तूमान की कोई अहमियत ही दुनिया के बाज़ार में नहीं है। कुछ ऐसी बातें भी हैं जो डिस्कस नहीं की जा सकती हैं मगर इसमें कोई शक नहीं है कि जिस कालकोठरी से औरतें गुज़री हैं उसके हिसाब से उनके हौसले पस्त हो जाने चाहिए

थे मगर ऐसा नहीं हुआ। हम ईरानी अमेरिका की धमकियों से नहीं टूटे। वैसे हम ख़ुद अपनी सरकार, अपनी व्यवस्था को कोस लेते हैं। आपस में कड़ी आलोचना करते हैं मगर जब कोई बाहर का हम पर आँखें तरेरता है तो हम सब एक ज़बान एक ख़याल के हो जाते हैं।

नासिरा शर्मा : ईरान ने कुछ क्षेत्रों में तो ज़बर्दस्त विकास किया है। नए राष्ट्रपति को तो ख़ासा पसन्द किया जाता है?

ख़ानम शीरिन : हाँ, इस बात को क़बूल करने में कोई हर्ज नहीं मगर जब सभ्यता और संस्कृति की बात आती है तो उसका दारोमदार इन बातों पर नहीं होता है। किसी भी देश के लिए औद्योगिक प्रगति ज़रूरी है मगर इस क़ीमत पर नहीं जहाँ कोयल कूक न सके। कलाकारों को स्वतंत्रता मिलनी चाहिए।

नासिरा शर्मा : फ़िल्में तो लाजवाब बन रही हैं। कितने पुरस्कार उन्हें मिलते हैं। किताबें भी ख़ूब छप रही हैं। फिर...

ख़ानम शीरिन : सब कुछ हो रहा है मगर जो बेहद ज़रूरी है वह नहीं हो रहा है। ईरान का बुद्धिजीवी उसी स्वतंत्रता के लिए पिछले सौ वर्ष से क़ुर्बानी दे रहा है...

(अप्रकाशित, 2007, दिल्ली)

मानाल यूनुस अब्दुल रज़्ज़ाक़

इराक़

मानाल यूनुस अब्दुल रज़्ज़ाक़ इराक़ की महिला जमात की पहली अध्यक्ष हैं, यानी वीमेन फेडरेशन की। इसके अतिरिक्त वह नेशनल असेम्बली की मेम्बर हैं और जनरल सेक्रेटरी हैं। एफ.ए.डब्ल्यू. की हँसमुख सीधी-सादी मानाल औरतों में बहुत प्रसिद्ध हैं, ऐसी प्रसिद्धि जिसमें प्यार और श्रद्धा दोनों हैं। उनकी एक पुकार पर औरतों ने अपने ज़ेवरात दान कर दिए थे। हर मोहल्ले में वीमेन फेडरेशन का कार्यक्रम चलता है। औरतें सदस्या हों या नहीं, मगर अपने भविष्य के प्रति वीमेन फेडरेशन के लिए अर्पित हैं। मानाल 'औरत' नाम की पत्रिका की मुख्य सम्पादिका भी हैं, जो फेडरेशन से ही निकलती है। मानाल के तीन बच्चे हैं। एक किंडरगार्डन में है। इतनी व्यस्त रहने के बावजूद अध्यक्षता करना इनका शौक़ है। बग़दाद में वीमेन फेडरेशन के ऑफ़िस में हमारी मुलाक़ात हुई।

मर्द को साथ लेकर हमें कट्टरपंथ से लड़ना है

नासिरा शर्मा : आज इराक़ में औरतों की क्या स्थिति है?

मानाल यूनुस अब्दुल रज़्ज़ाक़ : आज की इराक़ी औरत की स्थिति को समझने के लिए ज़रूरी है कि हम पहले उन ऐतिहासिक मोड़ों को देखें, जिनसे गुज़रकर आज इराक़ी औरत सफ़र के इस मोड़ पर पहुँची है। जब इस्लाम आया तो समाज के बिखराव को एक फ्रेम मिला और पहली बार क़ानून बना, जिसमें औरत को धर्म और सामाजिक रूप से मर्द के बराबर अधिकार मिला। इस काल में औरत प्रगतिशील बनी। यह काल था 'अब्बासी'। इसी अब्बासी (इस्लामी) काल में बग़दाद इराक़ की राजधानी बना। इस समय की औरतें भी अपने समय की प्रख्यात कवयित्री, लेखिका और गणित विद्या में दक्ष हुईं, मगर मुग़लों और तातारों के आक्रमणों ने सब कुछ तबाह कर दिया और वे फिर बन्दी बन गईं, इसके बाद तुर्क, ईरानी आए। उन्होंने हमारे समाज को बदलना चाहा। औरत को कुचला। फिर अंग्रेज़ी प्रभाव शुरू हुआ। उसने इराक़ से उसकी संस्कृति, रस्म व रिवाज को छीनना चाहा। विचार और चेतना का क़त्ल होता रहा। इस दबाव और ज़ुल्म के बीच इराक़ी समाज ने सोचना शुरू कर दिया, आख़िर यह दबाव कब तक? उनके अन्दर राष्ट्रीय भावना उभरी और वह बेतहाशा अपनी संस्कृति को बचाने में जुट गए।

20वीं शताब्दी में जब क्रान्ति आरम्भ हुई तब पहली समस्या व संघर्ष का उद्देश्य था कि साम्राज्यवाद के चंगुल से कैसे निकला जाए? 1958 का संघर्ष जो राजनीतिक भी था, वह 1968 के सामाजिक संघर्ष से मिल गया। इसी मिलाप से 'वीमेन फेडरेशन' वजूद में आई।

नासिरा शर्मा : कितने साल हुए और इस बीच आपकी उपलब्धि...?

मानाल यूनुस अब्दुल रज़्ज़ाक़ : 15-16 साल। इन सालों में यह संघर्ष ख़ूब फूला-

फला है। अन्तर्राष्ट्रीय राजनैतिक संघर्ष को बहुत प्रभावित किया है। तीसरी दुनिया भी कैसे बचती? मगर यह अनुभव उनका था, हमारा नहीं। हमारे अनुभव उनसे भिन्न हैं।

हमारे संघर्ष को समझने की कोशिश करें। हमारा संघर्ष कहीं पर भी मर्द के विरोध में नहीं जाता है। न मर्द हमारा शत्रु है बल्कि मर्द को साथ लेकर हमें रूढ़िवादिता से युद्ध करना है। हमारे संघर्ष की धुरी 'सेक्स' नहीं है, बल्कि औरत को बन्दीगृह से मुक्ति दिलाना है। हमारा संघर्ष विभिन्न वर्गों की असमानता का संघर्ष नहीं, सिर्फ़ औरत को आर्थिक रूप से स्वतंत्र कराना ही हमारा मुख्य उद्देश्य नहीं है, बल्कि उसे अपने समाज में आर्थिक, राजनैतिक, विचारात्मक स्वतंत्रता मिले। हम अरब औरतों का संघर्ष तब तक समाप्त नहीं होगा जब तक साम्राज्यवाद के सितम से फ़िलिस्तीनी औरत स्वतंत्र नहीं होती है।

नासिरा शर्मा : जब आपके संघर्ष का दायरा विस्तृत है तो इराक़ी औरत के संघर्ष का कोई विशेष ढाँचा या कार्यक्रम तो बनाया होगा?

मानाल यूनुस अब्दुल रज़्ज़ाक़ : क्यों नहीं? हम कोशिश कर रहे हैं। अनुभवों से एक रूप देने की कोशिश है—विभिन्न वर्गों और विभिन्न गुणों की औरतों को इस ढाँचे में कैसे फिट करें या इन औरतों की आवश्यकता के अनुसार ढाँचा कैसे तैयार करें...उदाहरण के लिए विवाहित औरत यदि कारख़ाने में काम करती है तो उसका उत्पादन अवश्य ही अविवाहित लड़की से कम होगा क्योंकि उसमें काम करने की क्षमता कम होगी। उसका कारण उसका परिवार है। यहाँ पर हमने विशेष ध्यान दिया है कि समाज में माँ बनना गौरव की बात है इसलिए एक माँ द्वारा जो उत्पादन कारख़ाने को मिलता है, उसका मालिक आलोचना के स्थान पर उसकी क़दर करे, और हमेशा उसकी सुविधा का ध्यान रखे। साम्राज्यवाद से प्रभावित देशों में औरत के लिए माँ बनना गौरव नहीं है, इसीलिए वह पालन-पोषण का भार मर्द पर डालना चाहती है और मर्द से लड़ना आरम्भ कर देती है। मानती हूँ मर्द से अधिक औरत शोषित है मगर ऐसा व्यवहार रचनात्मक नहीं है। सोशलिस्ट देशों का ख़याल है कि समाज बदलेगा, आर्थिक व्यवस्था बदलेगी तो औरत की स्थिति बदल जाएगी। वह भी उचित नहीं है, क्योंकि समाज का आधा भाग औरत है। वह लँगड़ाएगा तो समाज सीधा खड़ा कैसे होगा? इसलिए मेरे विचार से औरत पर ध्यान देना सबसे महत्त्वपूर्ण है, विशेषकर हमारे समाज में जहाँ औरत मर्द की इज़्ज़त है।

नासिरा शर्मा : ऐसी औरतों की तनख़्वाह कम होती है?

मानाल यूनुस अब्दुल रज़्ज़ाक़ : नहीं, कम क्यों होगी? वे तो बल्कि समाज की दोहरी ज़िम्मेदारी को निभा रही हैं, घर और बाहर।

नासिरा शर्मा : इस सिलसिले में इराक़ी मर्द की मानसिकता कैसी है?

मानाल यूनुस अब्दुल रज़्ज़ाक़ : अभी संसद के चुनाव में 80 औरतें खड़ी हुई थीं, उनमें से 60 चुनी गई हैं, इसका साफ़ अर्थ है कि इराक़ी समाज का पुरुष भी औरत की उन्नति चाहता है। हमारा उद्देश्य है पहले घरों में समानता और स्वतंत्रता आए। फिर समाज में। क्योंकि घर की स्वतंत्रता ही समाज में स्वतंत्रता की बुनियाद डालती है।

औरत को अपना काम विश्वास से करना है। यह विश्वास आए कैसे, इसके लिए पूरे इराक़ में ट्रेनिंग सेंटर खोले हैं हमने। उदाहरणतः चार वर्ष पहले इराक़ में एक भी लेडी ड्राइवर नहीं थी, मगर अब उनकी संख्या सौ से अधिक है। इस ओर हमारी फेडरेशन ने गाँव में भी बहुत काम किया है। जब टेक्नोलॉजी गाँव में गई तो हमारा संघर्ष वहाँ भी औरत की सहायता के लिए पहुँचा। जो लड़कियाँ तालाब और कुएँ से पानी लाती थीं वे अब पढ़ती हैं, क्योंकि 86 प्रतिशत देहातों में बिजली, पेट्रोल, पानी, फ्रिज, टीवी पहुँच गया है। 64 प्रतिशत घरों में उनके अपने नल हैं, बाक़ी के लिए पब्लिक ट्यूबवेल और कुएँ हैं। हेल्थ सेंटर हमने सरकार की सहायता से खोले। आज हमारे किसान के पास कार है। कार सामान ढोने के लिए नहीं है, बल्कि उसमें वह अपनी पत्नी और बच्चों को सैर कराने ले जाता है। यह कार सरकार ने उसे सस्ते दामों में दी है। घर में टीवी है, जिससे वह शहर और संसार देखता है। देहात में 6 से 10 साल के बच्चों का स्कूल जाना आवश्यक है। हमारी फेडरेशन की ज़िम्मेदारी है कि हर लड़की स्कूल जाए। दूसरा महत्त्वपूर्ण कार्य है, गाँव की औरतों का अपना ध्यान रखना। इसलिए वहाँ भी ब्यूटी पार्लर खुलवाए हैं। कामकाजी औरतों के बच्चों की देखभाल के लिए नर्सरी हैं, जहाँ बूढ़ी औरतें हमारा हाथ बँटाती हैं।

बहुत कठिनाइयाँ हैं, बहुत आगे जाना है, यह सोचकर हम रात-दिन काम में लगे हैं, आशा है कि इन अनुभवों से कुछ अच्छा निकलेगा।

नासिरा शर्मा : इस ईरान-इराक़ युद्ध में इराक़ी औरतों ने रण-क्षेत्र और समाज तो

सँभाला ही है, मगर अपनी सबसे प्यारी चीज़ सोने के जेवर भी दान कर दिए। यह बहुत आश्चर्यजनक व महत्त्वपूर्ण क़दम रहा है। इस पर कुछ रोशनी डालेंगी?

मानाल यूनुस अब्दुल रज़्ज़ाक़ : अरबी औरत को सोना इतना प्यारा है कि वह कठिनाइयों के समय भी नहीं निकालती है। कुर्दी, इराक़ी औरत तो सोने को सौभाग्य मानती है। सोना निकालना दुर्भाग्य मानती है। सीरिया ने इराक़ी पेट्रोल लाइन बन्द कर दी। हमारी आर्थिक व्यवस्था की चूलें हिल गईं। इराक़ी औरत ने आगे बढ़कर ऐतिहासिक क़ुर्बानी दी और सब सोना सरकार को दे दिया, यहाँ तक कि औरतों ने अपने सोने के दाँत भी दान कर दिए। इन्हीं औरतों ने मर्दों को प्रभावित किया, असंख्य मर्दों ने अपनी शादी की अँगूठी भेंट कर दी। इराक़ी औरत ने कहा कि हमारी सजावट अब सोना नहीं, जीत है, और यह जीत हमें दोगुना सोना देगी।

नासिरा शर्मा : इराक़ एक इस्लामी देश है। यहाँ क़ानून 'इस्लामी क़ानून' पर बने हैं या...?

मानाल यूनुस अब्दुल रज़्ज़ाक़ : हमारे क़ानून इस्लामी शरह के अनुसार हैं, इसलिए हमें अपने प्रगतिशील संघर्ष के प्रति विश्वास है।

नासिरा शर्मा : संगसार (पत्थरों से मारकर हत्या) के बारे में आपके विचार? विशेषकर सऊदी अरब की शहजादी के साथ जो हुआ, क्या उसे आप प्रगतिशील संघर्ष या इस्लामी शरह मानेंगी?

मानाल यूनुस अब्दुल रज़्ज़ाक़ : वह एक सियासी काम था, समाजी नहीं, वह एक प्रचार-सा बन गया है, जो ग़लत है। अवैध सम्बन्ध हराम है। मर्द को पसन्द करके औरत विवाह करे। यदि पसन्द नहीं आता है तो तलाक़ ले ले। हमारे शहर में धर्म दोनों को स्वतंत्रता देता है। मगर हमारा समाज 'ब्वाय फ्रेंड' रखने की इजाज़त नहीं देता है, न ही 'मरचेंटाइज़्ड सेक्स' की। वेश्यावृत्ति यहाँ पर ग़ैरक़ानूनी है। जब औरत काम कर सकती है, तो कालगर्ल बनने की क्या मजबूरी? हमारी व्यवस्था हर औरत को काम देती है। इसीलिए सेक्स व्यापार में तीनों को सज़ा मिलती है। बेचने और ख़रीदने वाले को और स्वयं बिकने वाले को भी। जीवन के मूल्य सँजोकर रखने की चीज़ हैं, बेचने की चीज़ नहीं। न ये बिकते हैं, न ख़रीदे जाते हैं।

नासिरा शर्मा : अनब्याही माँ की स्थिति?

मानाल यूनुस अब्दुल रज़्ज़ाक़ : औरत कोर्ट में शिकायत करे, कोर्ट उस आदमी को लड़की से विवाह करने पर बाध्य करेगा।

नासिरा शर्मा : क़ानून के बावजूद बदलते समाज में बहुत कुछ होता रहता है। शादी, तलाक़ की स्वतंत्रता के बाद भी यदि माँ-बाप ने सामाजिक बन्धन के कारण लड़की का उसकी मर्ज़ी के विरुद्ध विवाह कर दिया हो?

मानाल यूनुस अब्दुल रज़्ज़ाक़ : शरह में लड़की की मर्ज़ी के बिना विवाह ग़ैर-क़ानूनी है। लड़की की शिकायत पर कोर्ट उसे तलाक़ दिलवा देगा।

नासिरा शर्मा : फेडरेशन बच्चों की तरफ़ भी ध्यान देती है?

मानाल यूनुस अब्दुल रज़्ज़ाक़ : क्यों नहीं। पूरा मुल्क औरत का ही तो बच्चा है। जब औरत की तरफ़ हम ध्यान देते हैं तो उसके रचे हुए की नींव की पूरी देखभाल भी हमारे फेडरेशन का लक्ष्य है।

(*वामा* पत्रिका, बग़दाद, 1984)

साजदा-अल-मोसवी

इराक़

साजदा-अल-मोसवी को बग़दाद से सुरक्षापूर्वक सीरिया लाने वाला वही ड्राइवर था जो हमें सीरिया घुमा रहा था। बग़दाद के कई चक्कर उस ख़तरनाक हालात में लगाना और सही-सलामत वापस लौटना मामूली बात न थी। इसलिए उस ड्राइवर का नाम अरब लेखक संघ में अब्दुल क़ासिम की जगह 'टाइगर' पड़ गया। सीरिया और इराक़ की सत्ताधारी पार्टी एक है जो इराक़ में बाथ और सीरिया में बास कहलाती है। लेखक संघ के सरोकार अरब लेखकों के प्रति कैसे और कितने हैं यह साजदा को सुरक्षित बग़दाद से निकाल लाने की इस घटना से भी आँका जा सकता है। साजदा सीरिया में अपनी बेटी की बीमारी के चलते रह रही हैं जबकि पाँच में से तीन बेटियाँ बग़दाद में ही हैं। उनसे मिलना आश्चर्य भरा सुख था, जिसमें दुख की मात्रा ज़्यादा थी। उनका पहले वाला व्यक्तित्व बार-बार मेरी आँखों के सामने कौंध जाता था जब मैं उन्हें गोष्ठी में एक तरफ़ चुपचाप स्कार्फ बाँधे बैठा देखती। सीरिया में सारे प्यार और सम्मान के बावजूद वह थीं तो अपने देश, घर और परिवार से दूर। इस बात की व्यथा उनके पूरे व्यक्तित्व से झलकती थी!

साजदा से लम्बी बातचीत करने का मन था मगर अफ़सोस चाहने के बावजूद मैं बहुत ज़्यादा समय उनके साथ नहीं बिता सकी। उनकी झड़पें अमेरिकन फ़ौजी कमांडर और हालात से टकराहट को मैं टुकड़ों में सुन रही थी। उनकी बीमार बेटी माँ के साथ आई थी। साजदा-अल-मोसवी के साथ हुई बातचीत का खुलासा अगले पृष्ठ से प्रस्तुत है जिससे बग़दाद के जनजीवन का थोड़ा-बहुत अन्दाज़ा लगाया जा सकता है।

दुलहन के कपड़ों पर ख़ून के छींटे

नासिरा शर्मा : जिस तरह इराक़ी फ़ौज और आम इराक़ी बहुराष्ट्रीय सेना का मुक़ाबला अन्य कई शहरों में कर चुके थे उससे आशा बँध गई थी कि अमेरिकन फ़ौज को बग़दाद में दाख़िल होने के लिए दाँतों पसीना आएगा मगर यह घटना किसी सदमे से कम नहीं थी, उन लोगों के लिए, जो सद्दाम का विजयी होना तय कर चुके थे। उनकी आशा के विपरीत न केवल वे दाख़िल हुए बल्कि उन्होंने राष्ट्रपति सद्दाम के स्टैचू को धराशायी कर दिया और पूरा बग़दाद ख़ामोश रहा?

साजदा-अल-मोसवी : हमारे कमांडरों ने ज़मीनी लड़ाई में फ़ौज को दक्षता दी थी और वे इस मुक़ाबले में खरे उतरे मगर हवाई हमले के आगे हम लाचार थे। उनके अति आधुनिक हवाई बमों और मिसाइल के आगे हमारे सभी हथियार पुराने थे। सच पूछा जाए तो तकनीकी विकास को देखते हुए हमारे और उनके हथियारों में लगभग सौ सालों का फ़र्क़ था। जिस तरह कलस्टर बम गिरकर तबाही मचा रहे थे, उसे देखते हुए मुनासिब यही समझा गया कि यदि हमने फ़ौजों को आगे बढ़ने से नहीं रोका तो जाने कितने लाख बेगुनाह इराक़ी पलक झपकते ही मौत के घाट उतार दिए जाएँगे। फ़ौज को बचाना भी ज़रूरी था।

नासिरा शर्मा : यह ऑर्डर आया कहाँ से, स्वयं राष्ट्रपति सद्दाम द्वारा?

साजदा-अल-मोसवी : हाँ, स्वयं राष्ट्रपति ने स्थिति को भाँपकर यह फ़ैसला लिया था कि हम अभी रुक जाएँ और कुछ अरसे बाद ज़मीनी युद्ध नीति तय कर इन फ़ौजियों को विभिन्न स्थानों पर मुक़ाबला करने के लिए बिखेर दें। दरअसल अमेरिका का दाख़िला हमने कई सालों तक रोका मगर उसने इराक़ को बर्बाद करने की ठान ली थी। उनके पास ज़मीनी हथियार भी हमारे मुक़ाबले में बहुत आधुनिक थे। नई 'रणनीति' को अपनाकर उनसे युद्ध करने वाले बाथ पार्टी के और फ़ौज

के वही पुराने कमांडर हैं जो सद्दाम के ज़माने में सक्रिय थे।

नासिरा शर्मा : ख़बर आई थी कि सद्दाम ने कई बिलियन डॉलर बैंक से निकलवाया था, क्या वही धन खर्च हो रहा है आज के गोरिल्ला युद्ध में?

साजदा-अल-मोसवी : राष्ट्रपति सद्दाम ने मेरा विश्वास है कि बैंक से कोई पैसा नहीं निकाला, यह केवल अमेरिका का सद्दाम विरोधी प्रचार है। मगर हाँ, जब वे 'स्पाइडर होल' में पाए गए थे तब उनके पास दस हज़ार डॉलर से भरा एक बैग ज़रूर मिला था। मेरे ख़याल से यह कोई बहुत बड़ी रक़म नहीं थी, ये एक राष्ट्रपति द्वारा बैंक से निकाले उनके अपने पैसे भी हो सकते हैं। दूसरा, सद्दाम ने किसी भी फ़ौजी को या आम इनसान को पैसा देकर लड़ने पर मजबूर नहीं किया है। यह उनका विश्वास है जो उन्हें मुक़ाबले पर खड़ा रखे है। वह नहीं चाहते कि उनका देश विदेशी सत्ता के अधीन हो। आम इनसानों ने अपनी कार, घर, ज़ेवर, क़ीमती वस्तुएँ इस मंच को सहर्ष दी हैं ताकि उनका देश ग़ुलाम न बने।

नासिरा शर्मा : फालूजा में, तिकरित (जो सद्दाम का गाँव है) के मुक़ाबले विरोध कड़ा है, इसका कारण क्या है?

साजदा-अल-मोसवी : कोई कारण विशेष तो नहीं लेकिन तिकरित में भी लम्बे समय तक विरोध मंच ज़बर्दस्त रहा है फिर बुरी तरह बमबारी से सब कुछ शान्त कर दिया गया।

नासिरा शर्मा : हमले के समय आप लोग कहाँ थे?

साजदा-अल-मोसवी : हम लोग पहले हैफ़ा स्ट्रीट में कई मंज़िला इमारत के एक फ़्लैट में रहते थे जिसको किसी भारतीय बिल्डर ने बनाया था। जंग शुरू होने से पन्द्रह दिन पहले हम अपने चचा के घर अरकराज़ा में जो बग़दाद पुल के पास का इलाक़ा है वहाँ चले गए थे, जो सुरक्षा की दृष्टि से बेहतर था। दो सप्ताह आराम से गुज़रे। हमले की आशंका नहीं रही तो अड़तालीस घंटे की मोहलत देने का ऐलान हुआ, उसी दिन सुबह पाँच बजे धमाके की आवाज़ से हमारी आँखें खुलीं। बम गिर रहे थे, पटाखे छूट रहे थे, चारों ओर धमाके-ही-धमाके हो रहे थे।

नासिरा शर्मा : उस समय क्या महसूस हुआ?

साजदा-अल-मोसवी : मेरी बड़ी लड़कियों को जंग के कारण इन विदेशी धमाकों की आदत-सी पड़ गई थी मगर मेरी छोटी बेटी बहुत डर गई थी। उसके लिए यह नया अनुभव था। हम सब इबादत कर एक ही दुआ माँग रहे थे कि ख़ुदा हमारी हिफ़ाज़त करना। मैंने अपनी पाँचों लड़कियों को अपनी बाँहों में समेट लिया था।

नासिरा शर्मा : युद्ध से पहले बाथ पार्टी ने अपने सदस्यों के लिए कुछ फ़ैसले लिये थे? वैसे आप भी तो पार्टी की मेम्बर हैं?

साजदा-अल-मोसवी : फ़ौजी कमांडरों को लेकर उनका जो भी नीतिगत फ़ैसला हो मगर हमारे लिए तो बस एक ही ऐलान था कि सब अपने घर जाएँ। दुकानें बन्द हो गई थीं। सड़कें ख़ाली हो चुकी थीं। लोगों को अड़तालीस घंटे के दिए अल्टीमेटम का इन्तज़ार था कि आख़िर अब आगे क्या होने वाला है। पूरा बग़दाद शान्त था। कुछ जगहों पर लोगों ने वैक्स और टायर जलाकर धुआँ कर रखा था कि बम गिराने वाले जहाज़ धोखा खा जाएँ और उनके स्थान पर बारूद न गिराएँ।

नासिरा शर्मा : जब बग़दाद में अमेरिकन फ़ौज दाख़िल हुई थी उससे पहले लोग क्या सोच रहे थे?

साजदा-अल-मोसवी : अमेरिकन टैंक को सबसे पहले हममें से जिसने दाख़िल होते देखा था, वह था ऊँचाई पर स्थित एक बड़ी दुकान का मालिक। और फिर चारों तरफ़ से टैंक धड़धड़ाते बम ऊपर से गिराते दाख़िल हो गए। इससे पहले तक हमने स्थिति की गम्भीरता के इस हद तक ख़तरनाक होने का अनुमान नहीं लगाया था।

नासिरा शर्मा : लोगों का नैतिक बल उस समय कैसा था?

साजदा-अल-मोसवी : लोग दो भागों में बँट गए थे। एक सोच रहा था कि फ़ौज ने हथियार क्यों डाल दिए? वही गिरोह सरकार की आलोचना और भर्त्सना कर रहा था। दूसरा ग्रुप उम्मीद कर रहा था कि वर्तमान स्थिति में सरकार का यह क़दम ज़रूर रणनीति का कोई सोचा-समझा फ़ैसला है, वरना अपने देश की फ़ौज यूँ ठहर न जाती। आज एक साल पूरा होने के बाद पहले ग्रुप की सोच बदली है और वह इस सच को समझ गए हैं कि क्यों लड़ाई बन्द करने का फ़ैसला लिया गया था। यदि यह फ़ैसला उस समय न लिया जाता तो आज इराक़ के पास फ़ौज न होती और वे रणनीति बदलकर अपने देश के लिए लड़ नहीं रहे होते। वे फ़ौजी आम

इनसान को प्रोत्साहित न करते कि जाओ और इस तरह अमेरिकन फ़ौज का सामना करो। इस तरह से आज इराक़ में फ़ौज और आम आदमी ने मिलकर विदेशी सत्ता को मार भगाने के लिए कमर कस ली है।

नासिरा शर्मा : आख़िर वे कौन लोग थे जिन्होंने लूटपाट की और सद्दाम हुसैन की मूर्ति को नीचे गिरा ख़ुशियाँ मनाईं? क्या वे दावा पार्टी के लोग थे?

साजदा-अल-मोसवी : सब लोग घर में थे। कोई भी इराक़ी सड़क पर नहीं था। एकाएक देखने में आया कि कुछ अजनबी चेहरे सड़क पर चल रहे हैं। उन्हें हम नहीं पहचानते थे। इराक़ी जब घर से बाहर निकलता है तो अच्छी तरह तैयार होकर। मगर ये वे लोग थे जो कपड़े, दाढ़ी, बालों और चेहरे से हमारे लिए ग़ैर थे। वे इराक़ी नहीं थे। हमारी किसी भी विरोधी पार्टी के लोग नहीं थे।

नासिरा शर्मा : वह अरब थे या नहीं? ।

साजदा-अल-मोसवी : हाँ, वह अरब थे। उनमें से कुछ कुवैती थे, कुछ उत्तरी ईरान से और कुछ अमेरिकन टैंक के साथ आए थे। ईरान से आने वाले अधिकतर कुर्द थे। जो बग़दाद की बिल्डिंगों में घुसे जैसे शिक्षा मंत्रालय, हस्पताल, संस्थाएँ ग़रज़ कि जो भी सरकारी इमारतें थीं, उन्हें लूटा। ये सारे लोग जो इराक़ में दाख़िल हुए थे वे केवल तबाही मचाने नहीं आए थे बल्कि सामान लूटने भी आए थे। इनमें इराक़ी क़ैदी भी थे जिन्हें मानव अधिकार एवं कई तरह के दबाव के चलते सद्दाम ने कुछ समय पहले ही छोड़ा था। वे भी लूट में शामिल थे। इन लोगों ने हत्या या कोई और संगीन अपराध नहीं किया केवल कुर्सी, मेज़, लैम्प, बिजली का सामान इन इमारतों से चोरी किया था। अमेरिकन फ़ौज ने इराक़ी म्यूज़ियम का बड़ा दरवाज़ा इन लोगों के लिए पाटोपाट खोल दिया था। उन्हें उत्साहित किया कि वे जो चाहें ले जाएँ। उन लोगों ने इराक़ी विरासत, इराक़ी इतिहास को लूटा। उनको नेशनल लाइब्रेरी में घुसने दिया गया जहाँ उन्होंने प्रेस और विदेश मंत्रालय को आग लगाई। दरअसल उन दिनों बग़दाद 'दैत्यों का शहर' बनकर रह गया था।

नासिरा शर्मा : बग़दाद के निवासियों की प्रतिक्रिया इस कांड पर क्या थी?

साजदा-अल-मोसवी : वे गहरी पीड़ा और बेहद क्रोध में थे, मगर वे कुछ कर सकने की स्थिति में नहीं रह गए थे। एक हाथ से ताली नहीं बजा सकते थे।

अमेरिकन फ़ौज से जाकर लड़ नहीं सकते थे। उनको लड़ने के लिए एकजुट होने के साथ हथियारबन्द भी होना ज़रूरी था। सच पूछा जाए तो हम इतने गहरे सदमे से दो-चार हुए थे कि संज्ञाशून्य हो चुके थे। हम कुछ भी समझ नहीं पा रहे थे। हम सुन्न पड़ गए थे, यह देखकर कि इराक़ में हो क्या रहा है? दो माह तो स्थिति को समझने में लगे कि हमारे साथ यह घटा क्या? दो माह बाद जब हम इस सदमे से उबरे तो सबने अपने-अपने स्थान पर विरोधी मोर्चे बनाए। जवानों ने बन्दूकें पकड़ पहरे दिए। जिन्होंने सबसे पहले मोर्चे सँभाले वे वास्तव में सद्दाम के फ़िदाईन थे। यह फ़िदाईन मंच सद्दाम का ही बनाया हुआ था।

नासिरा शर्मा : क्या इस्लामी गुट है फ़िदाईन?

साजदा-अल-मोसवी : इनका इस्लाम से कोई सम्बन्ध नहीं।

नासिरा शर्मा : फ़िदाईन का अर्थ हुआ क़ुर्बानी देने वाला, तो क्या यह केवल लड़ाकू गुट है?

साजदा-अल-मोसवी : हाँ, इसको कह सकते हैं सद्दाम पर क़ुर्बान हो जाने वाले।

नासिरा शर्मा : मैं यह जानना चाहती हूँ कि सद्दाम की मूर्ति को गिराने वाले फिर कौन थे?

साजदा-अल-मोसवी : जब अमेरिकन बग़दाद में दाख़िल हुए तो वह सीधे अल-फ़िरदौस चौक गए, जहाँ सद्दाम की मूर्ति लगी थी। उनके सिर को नीचे खींचने वालों और भीड़ लगाने वालों में कोई भी इराक़ी नहीं था! उनके तौर-तरीक़े इराक़ी नहीं थे। उनकी शक्लें इराक़ी नहीं थीं। अमेरिका ने उन्हें इस जमाव की छूट भी दी और पैसा भी दिया। उन सबका हौसला भी कैमरे और सेटेलाइट के सामने बढ़ा कि हमें पूरी दुनिया देख रही होगी कि हम बग़दाद में दाख़िल हुए और हमने मूर्ति गिराई। यह सारे दृश्य देखकर इराक़ी बहुत गहरे आहत हुए। उनके सम्मान को जब गहरी ठेस पहुँची तो उन्होंने 'ज़िन्दाबाद सद्दाम हुसैन' के नारे लगाए। दीवारों पर सद्दाम के समर्थन में नारे लिखे। जुलूस निकाला और खुलकर कहा, "सद्दाम हमारा हीरो है।" इन चीज़ों को कोई भी टीवी पर नहीं देख सका लेकिन सद्दाम की मूर्ति के सिर का ज़मीन पर गिरना पूरी दुनिया ने देखा कि किस तरह पहला अमेरिकन झंडा लहराया और स्टैचू को टैंकर द्वारा सड़क पर घसीटा गया।

नासिरा शर्मा : अपने टीवी पर यह सब देखकर मानवीय दृष्टिकोण से लोगों की प्रतिक्रिया क्या रही?

साजदा-अल-मोसवी : अनेक तरह की थी। कुछ ग़म और ग़ुस्से में रो रहे थे। कुछ अपना क्रोध धड़ाधड़ हवाई फ़ायर कर निकाल रहे थे। कुछ इस घात में थे कि कैसे अमेरिकन फ़ौजियों को मार गिराएँ। कुछ लोग ग़ुस्से में सद्दाम की तस्वीर हाथों में उठा सड़क पर निकल आए। इन सारे भावनात्मक विस्फोट के बाद जल्दी ही इराक़ियों की समझ में आ गया कि अमेरिकन फ़ौज से हम केवल घृणा को आधार बनाकर नहीं लड़ सकते हैं। तब उन्होंने सामूहिक प्रतिरोध का कार्यक्रम बनाया। विरोधी मंच द्वारा वह इस क़ब्ज़े से लड़ने को व्यक्तिगत स्तर पर सबके साथ खड़े हुए जिसका नतीजा हम आज फालूजा में देख रहे हैं, जिन्होंने लड़ते-मरते हुए अन्त में आख़िरी अमेरिकन को भी अपनी सरहद से खदेड़ दिया। आपके पहले पूछे सवाल का मैं यहाँ जवाब दे रही हूँ कि इराक़ के सारे विरोधी मंच ने फालूजा को अपना केन्द्र मानकर सारी शक्ति प्रतिरोध में लगा दी थी।

नासिरा शर्मा : लेकिन केवल फालूजा क्यों?

साजदा-अल-मोसवी : क्योंकि अधिकतर लोग जो फालूजा में रहते हैं, वे इराक़ी फ़ौज से ताल्लुक़ रखते थे या फिर बाथ पार्टी से सम्बन्धित थे। एक बात यहाँ कहना चाहूँगी कि अमेरिकन सद्दाम हुसैन को पकड़ न पाते यदि उनका वह आदमी जो खाना पहुँचाता था, जिसे वाच किया जा रहा था, टॉर्चर के समय सच न उगल देता।

नासिरा शर्मा : सद्दाम का जो चेहरा दाढ़ी के साथ उलझे बालों वाला हमारे सामने लाया गया उसे देखकर इराक़ियों की प्रतिक्रिया?

साजदा-अल-मोसवी : सद्दाम हुसैन एक आम इनसान की तरह ही एक इनसान हैं। उन्होंने बहुत कष्ट झेले। राजनेता होने के कारण उन पर अनेक तरह के दबाव रहे हैं। उस आदमी को अमेरिकन केवल उसकी सूरत के आधार पर कितना समझ सकते हैं। असली सद्दाम के दिमाग़ में क्या चल रहा है, उसका इन्हें ज्ञान नहीं। वह उसे केवल इराक़ का राष्ट्रपति समझ देखते रहे। या फिर अरब राजनेताओं में केवल सद्दाम ऐसे लीडर थे जिन्होंने इस्रायल पर बम गिराए थे। सद्दाम की उस मनोकामना को नहीं समझ सकते जो उसने पूरे अरब इलाक़े को विदेशी प्रभाव से

स्वतंत्र करने का संकल्प ले रखा है, जो अरब के सारे राष्ट्रों को एकता में देखने का इच्छुक है। ईसा पर भी बड़े अत्याचार हुए थे। जब उनका ख़ून और दर्द से भरा शरीर लोगों ने देखा था तो उसको उन्होंने महत्त्व देने की जगह उन विचारों की ओर ध्यान दिया था जिसके कारण वह सलीब पर चढ़े थे। उनके प्रति सम्मान बढ़ा और उनको पैग़म्बर माना गया। हज़रत हुसैन का सिर जब माविया के लोगों ने काटा था तो लोगों ने उनका सिर नहीं देखा था बल्कि उनके दिल और दिमाग़ में जो जीवन-मूल्य थे, वे लोगों के लिए महत्त्वपूर्ण थे। सद्दाम ने देश के लिए जो भी किया उसे आज भी लोग याद करते हैं कि वही हमारा नेता है। कोई सद्दाम को एक क़ैदी की तरह याद नहीं कर रहा है।

नासिरा शर्मा : इराक़ियों का मनोबल?

साजदा-अल-मोसवी : कितने बच्चों ने स्कूल छोड़ दिया क्योंकि इराक़ की आर्थिक स्थिति बेहद ख़राब हो चुकी थी। नाकाबन्दी ने लोगों को घर की खिड़कियाँ और दरवाज़े तक बेचने पर मजबूर किया। कुछ ने अपनी किडनी तक बेची ताकि बच्चों को भोजन दे सकें, मगर हम टूटे नहीं, हमारा मनोबल आज भी वही है जो पहले के दिनों में था।

नासिरा शर्मा : सद्दाम हुसैन पर आरोप है कि आख़िर वह जाँच-पड़ताल करने वाली कमेटी को इराक़ में घुसने क्यों नहीं दे रहे थे। अगर घुसने देते तो यह दिन देखना न पड़ता?

साजदा-अल-मोसवी : बाथ पार्टी की नीति थी कि विदेशियों के लिए देश के दरवाज़े को पूरा खुला नहीं छोड़ना चाहिए। यू.एन. सर्चर को इसलिए नहीं आने दिया जा रहा था कि इराक़ के पास ख़तरनाक हथियार हैं बल्कि राष्ट्रपति का विचार था कि इस सर्च कमेटी में सारे सी.आई. के जासूस हैं, जिनके पास अति आधुनिक कैमरा होगा जो इराक़ के संवेदनशील स्थानों की पिक्चर लेंगे और हमारी सरकारी, ग़ैर-सरकारी जगहों का चप्पा-चप्पा छानकर हमारे देश की प्रत्येक स्थिति एवं स्थान का ब्योरा अपने पास रखेंगे, जो हमारी सुरक्षा के लिए बहुत हानिकारक साबित हो सकता है। छानबीन से साबित हो गया है कि दुनिया को तबाह करने वाले हथियार का इराक़ में कहीं पता नहीं और स्वयं अमेरिका के नेता यह स्वीकार कर चुके हैं कि इराक़ पर क़ब्ज़े का कार्यक्रम 'नाइन इलेवन' से बहुत पहले का है। कुवैत पर

आक्रमण से भी पहले का है और आज सद्दाम के आलोचक भी इस तथ्य को समझ चुके हैं कि सद्दाम का क़दम सही था। इस कारण उस पर आरोप थोपना बेकार है। आज लोग क्या कह रहे हैं इसका कोई महत्त्व नहीं रह गया है, मगर जो पीड़ा हमारे दिलों में है वह बहुत गहरी है क्योंकि हमने आर्थिक नाकाबन्दी को झेला। जंग को देखा। मैंने स्वयं ने यह सब कुछ देश और देश के बाहर रहकर झेला है, जिसके बारे में कहने के लिए मेरे पास शब्द नहीं बचे हैं। आप ख़ुद सोच सकती हैं कि मेरा वतन ख़ून में तर है और मैं कुछ नहीं कर पा रही हूँ, यह बेहद पीड़ा भरी स्थिति है। जब मेरे हाथ में कुछ नहीं है तो मैं कहकर भी क्या करूँगी!

नासिरा शर्मा : सीरिया एक अरब देश है मगर अपना नहीं, यहाँ पर रहने का अनुभव?

साजदा-अल-मोसवी : हाँ, है तो यह अरब देश मगर जब हम शुरू में यहाँ आए थे लोगों ने कहा था कि यहाँ क्या कर रही हो? जाओ अपने देश में लड़ो। उनके शब्द नश्तर की तरह दिल में चुभते थे। मगर कुछ बेहद अच्छे लोग हैं वे हमारा हौसला बढ़ाते हैं कि तुम लोग बहुत बहादुरी से लड़े। अपने को झुकने नहीं दिया मगर अक्सर लोग यह भी कहते हैं कि इस इलाक़े में यह आफत इराक़ के कारण आई।

नासिरा शर्मा : सद्दाम पर यह आरोप भी है!

साजदा-अल-मोसवी : कुछ इराक़ी तो यहाँ तक कह देते हैं कि तुम लोग कायर हो जो स्थिति का मुक़ाबला नहीं कर पाए और सीरिया भागे चले गए। वे कारण नहीं नतीजे को देखते हैं। मेरी यह बेटी चार साल की उम्र से बीमार है। दवा न मिलने के कारण मेरे पति की मौत हुई, मुझे अपनी बेटी का इलाज कराना है।

नासिरा शर्मा : इराक़ से सम्बन्ध बना हुआ है?

साजदा-अल-मोसवी : केवल परिवार तक, सभी इधर-उधर भटक गए हैं। कुछ मर गए हैं। घर तबाह होने से पते बदल गए हैं, इसलिए अब केवल हम परिवार तक सीमित रह गए हैं, जिनसे फ़ोन पर बातें होती हैं। ई-मेल भेजते हैं!

नासिरा शर्मा : अब इराक़ की हालत क्या है!

साजदा-अल-मोसवी : बहुत बुरी है। न पीने को पानी, न बिजली, न सुरक्षा, न नौकरी, न स्कूल-कॉलेज। कुछ भी नहीं बचा है। स्थिति पहले से बदतर है।

नासिरा शर्मा : आप कितने भाई-बहन हैं?

साजदा-अल-मोसवी : हम सात भाई, दो बहन हैं जिनमें सिर्फ़ एक भाई कमाता है। उसी की तनख़्वाह हममें बँट जाती है। वह इंग्लैंड में डॉक्टर है। दो भाई आर्मी में अफ़सर थे, जो अब बेकार हैं। एक भाई यूनाइटेड नेशन में राजदूत थे, जो अब विदेश मंत्रालय से रिटायर कर दिए गए हैं। बाक़ी तीन भाइयों का भी यही हाल है जो दफ़्तरों में थे। बहन एक आर्ट टीचर थी।

नासिरा शर्मा : ये सारे लोग इराक़ से बाहर क्यों नहीं निकल पाए?

साजदा-अल-मोसवी : उनकी आर्थिक स्थिति ऐसी है नहीं कि वे विदेश में आकर बस सकें। क्योंकि इराक़ से निकलने के लिए जो पैसा देना पड़ता है, वह बहुत ज़्यादा है! एक आदमी का लगभग सोलह हज़ार डॉलर लगता है। फिर हर इनसान की पैसे के अलावा भी मजबूरी होती है। बूढ़े माँ-बाप को भी अकेला नहीं छोड़ा जा सकता।

नासिरा शर्मा : विदेशी फ़ौज के साये में रहना भी बड़ा साहस का काम है!

साजदा-अल-मोसवी : बग़दाद पर क़ब्ज़ा जमाने के बाद खुलेआम हथियार और नशीली चीज़ों की बिक्री फुटपाथ पर आम हो गई थी। उसी समय रेडियो, टीवी से यह ख़बर प्रसारित की गई कि कोई भी ख़ून 'वर्ल्ड ब्लड बैंक' के अलावा कहीं से न लें क्योंकि सड़कों पर ज़हरीला, बीमारियों से भरा ख़ून इस्रायलियों द्वारा भेजा जा रहा है। जो दवाएँ उस समय मिल रही थीं, सबकी इस्तेमाल की अवधि समाप्त हो चुकी थी। सेक्स सिनेमा हर जगह चल रहे थे। उनके लिए यह सब हो रहा था जो अपने देश को आज़ाद करने और अपने धर्म और परिवार को ज़िन्दा रखने के लिए संघर्षरत थे। इनके आने से हमारी नई नस्ल गुमराह की जा रही थी। जीवन-मूल्यों को तबाह किया जा रहा था।

नासिरा शर्मा : यह वही इराक़ है जिसे मैंने देखा था?

साजदा-अल-मोसवी : हाँ, वही इराक़ जिसकी सड़कें साफ़, शहर रोशनी से भरा और ख़ूबसूरत इमारतों से सजा था। जहाँ रहना और बसना सबको अच्छा लगता था। जो रात को किसी दुलहन की तरह सज उठता था...उसी दुलहन के कपड़ों पर आज ख़ून के छींटे हैं...।

(*अन्यथा* पत्रिका, 2004, सीरिया)

नादिया खोस्ट

सीरिया

नादिया खोस्ट 1935 में जन्मी विचारों से प्रगतिशील एवं लेखन में क्रान्तिकारी हैं। अरबी, इंगलिश, फ्रेंच भाषा का ज्ञान रखने वाली यह लेखिका अपने समय के प्रति पूर्ण रूप से सजग हैं। औरत होने की ज़िम्मेदारी को केवल घर-परिवार तक नहीं समझती हैं बल्कि उसका दायरा पूरा समाज और विश्व है। प्रखर बुद्धि वाली नादिया अपने परिवेश में बिखरी बारूद की गन्ध को नकारकर पनाह की तलाश में अपने को खोती नहीं हैं बल्कि उन कारणों को समझना भी चाहती हैं कि ये हथियार क्योंकर उनके इलाक़े में दाख़िल हुए। दो लड़कियों की माँ और फ़िज़िक्स के प्रोफ़ेसर की पत्नी नादिया आकर्षक व्यक्तित्व की मालिक हैं। उनकी एक बेटी फ्रांस में मेडिकल में और दूसरी दमिश्क में संगीत को अपना विषय बनाए है। नादिया से मेरी मुलाक़ात टुकड़ों-टुकड़ों में कई बार हुई और हमने बातचीत के दरमियान जाना कि हम वैचारिक एवं संवेदना के धरातल पर हमख़याल हैं। यह साक्षात्कार सीरिया छोड़ने के एक दिन पहले हुआ था।

वर्तमान महिला की क़ानून से दूरी

नासिरा शर्मा : आप केवल उपन्यास ही लिखती हैं?

नादिया खोस्ट : ऐसा नहीं है। मैंने कहानियाँ भी लिखी हैं और पिछले 25 वर्ष से लगातार अख़बार में कॉलम लिख रही हूँ। एक स्थिति ऐसी आई जब मुझे सोचना पड़ा कि मेरा विषय केवल सीरिया तक सीमित नहीं है तो मैं क्यों टुकड़ों-टुकड़ों में अपने को 'कहानी' में व्यक्त करती हूँ। इससे बेहतर है कि मैं उस पूरे पैनोरमा को अपना विषय बनाऊँ जो पूर्वी इलाक़ों में गुज़रा है या लगातार गुज़र रहा है। इस अरब-जंग में जो तबाही हो रही है उसमें कौन-सी आशा व निराशा काम कर रही है। वह कौन-सा झूठ है जो हमारी नियति से खेल रहा है, जो हमारी औरतों, मर्दों, बच्चों को अपने में उलझाए हुए है? यही मेरे उपन्यासों का विषय बन गया। इस समस्या को मैंने मूल से उठाया है कि क्यों और कैसे इस जंग का आरम्भ हुआ। इसके लिए मुझे पूरी तैयारी करनी पड़ी! मुझे बहुत पढ़ना पड़ा। इतिहास से साक्षात्कार करते हुए मेरा अपना एक नज़रिया क़ायम हुआ जिसने मुझे प्रेरित किया कि मेरे अपने ज़हन में जो प्रश्न उठ रहे हैं उनका पहले मैं समाधान करूँ फिर क़लम उठाऊँ। उसके लिए मुझे स्वयं शोध करना पड़ा। इस सिलसिले से मुझे बहुत-सी नई सूचनाएँ हाथ लगीं जिन्होंने मेरे दिमाग़ में छाये कोहरे को साफ़ किया। यह तो सभी को मोटे रूप से पता है कि बीसवीं सदी के आरम्भ में आटोमान इम्पायर टूटा और उसका बँटवारा हुआ। इस बँटवारे के पीछे यहूदियों और तुर्क यहूदियों का बड़ा भारी हाथ रहा है जो चाहते थे कि फ़िलिस्तीन यहूदियों के ज़रिये साम्राज्यी शक्तियों के हाथों चला जाए या उनके द्वारा यहूदियों को। इस यथार्थ को मैं ज्यों-का-त्यों नहीं रख सकती थी। मैंने उन मानवीय रिश्तों की खोज की है जिनमें महत्त्वपूर्ण व्यक्तित्व द्वारा एक ताना-बाना बुना और अपनी बात कही, उसमें वे औरतें भी हैं जिन्होंने इस पूरे परिदृश्य में महत्त्वपूर्ण भूमिका निभाई है!

नासिरा शर्मा : मेरा अपना विचार है कि जब ज़िन्दगी में राजनीति का हस्तक्षेप गहरा जाता है तो मानवीय रिश्ते, विशेषकर 'मर्द-औरत' सम्बन्ध सहज नहीं रह जाते हैं।

नादिया खोस्ट : क्यों नहीं, इस तरह की सियासी समस्याओं से मर्द-औरत एक साथ जूझते हैं तब सामाजिक कठिनाइयाँ उसके आगे नगण्य हो जाती हैं। मगर इसका मतलब यह हरगिज़ नहीं है कि औरतों को वे मुश्किलें नहीं थीं या उधर से वे आँखें मूँद लेती थीं। वे संवेदना के धरातल पर अधिक दबाव में रहती हैं क्योंकि वे मर्दों की अपेक्षा इनसानी रिश्तों में अधिक विकसित एवं प्रगतिशील होती हैं। चूँकि वह एक इनसान के नाते अपने परिवेश के प्रति अधिक चौकस होती हैं सो जज़्बात के स्तर पर अधिक पिसती हैं। मेरे पहले उपन्यास की हीरोइन न केवल एक बार बल्कि दो बार तलाक़ लेती है केवल अपने 'स्टैंड' के ख़ातिर, जो आगे जाकर पति-पत्नी के बीच खाई के रूप में उभरते हैं।

नासिरा शर्मा : आप स्त्री विमर्श या सामाजिक विमर्श को अपने उपन्यासों में प्रमुखता देती हैं?

नादिया खोस्ट : एक औरत और लेखक की आपसी टकराहट मेरे अन्दर चलती है। बात यहीं पर समाप्त नहीं होती है बल्कि एक औरत के अनुभव और लेखकीय चेतना की टकराहट इतिहास से भी होती है जिसका अध्ययन मैंने कर रखा है। यह सारी शक्तियाँ और विवेक लेखन के समय मेरे सामने बड़ी जटिल स्थिति का निर्माण कर बैठती हैं और यहीं पर आकर मेरी जीत होती है जब मैं इन चारों के मिश्रण से कहानी बुनती हूँ और गर्व करती हूँ कि एक औरत होकर मैं सियासत और इतिहास को अपने उपन्यासों में उतारने में सफल हुई। मैंने अभी तक चार बेहद मोटे उपन्यास लिखे हैं।

नासिरा शर्मा : उनके नाम क्या रखे हैं?

नादिया खोस्ट : बिलादेशाम में प्यार, राहें और प्रेमी बिलादेशाम की ओर, मुलाक़ात और बिदाई बिलादेशाम में, क़ैदी नेता इन बिलादेशाम।

नासिरा शर्मा : आपके उपन्यासों के नाम में प्यार की तकरार क्यों?

नादिया खोस्ट : क्योंकि यह बहुत गहरी इनसानी संवेदना है जो ज़िन्दगी का अहम

हिस्सा है। मेरे पहले नॉवेल में औरत प्यार करती है। इस उपन्यास का समय 1948 से पहले का है। उसके बाद नई पीढ़ी आती है जो क़ब्ज़े के बाद सीधी फ़िलिस्तीनी संघर्ष में कूदती है। यह सियासी संघर्ष तब राष्ट्रीय स्तर पर न होकर बाथ पार्टी के मेम्बर बनकर था। इसी के साथ असंख्य औरतों की भागीदारी भी इस आन्दोलन में आरम्भ हो गई।

नासिरा शर्मा : पाँचवाँ नॉवेल 'ड्रीम एंड वर्ल्ड' जिस पर आप फ़िलहाल काम कर रही हैं, उसकी कथावस्तु क्या है?

नादिया खोस्ट : मेरा पाँचवाँ उपन्यास 'थीम' को देखते बहुत पेचीदा है! स्वतंत्रता आन्दोलन का संग्राम ख़त्म हो चुका है। ऊपर से देखने में लगता है कि फ़िलिस्तीनी-इस्रायली संघर्ष अपने अन्त को पहुँच रहा है। परन्तु असल में वह कठिन और नए स्तर पर चल पड़ा है। इराक़ पर क़ब्ज़ा हो चुका है और फ़िलिस्तीन का हाल सामने है। औरतें ज़्यादा उत्पीड़ित हैं और सामाजिक कठिनाइयाँ कई गुना बढ़ गई हैं। क़ानूनन जो अधिकार औरतों को मिले हुए हैं वे समय के अनुकूल नहीं रह गए हैं। मर्द-औरत दरअसल जीवन एवं संघर्ष के उन अनुभवों से गुज़र चुके हैं जिन्हें देखते यह क़ानून बेहद पिछड़े और पुराने लगते हैं, जो उनकी ज़रूरतों पर पूरे नहीं उतरते हैं। मैं एक लेखक के नाते पूरे इलाक़े को अपना विषय बनाती हूँ। मेरे लिए 'सीरिया' केवल सीमित विषय नहीं है बल्कि पूरा 'बिलादेशाम' मेरे लेखन के दायरे में आता है जिसमें इराक़, सीरिया, लेबनान, जार्डन जो कि भौगोलिक दृष्टि से वास्तव में एक ही ज़मीन है और सच पूछा जाए तो जो घटना एक जगह घटती है वह सबको बराबर से प्रभावित करती है। परन्तु इस संघर्ष की समानता से नार्थ अफ्रीका अलग हो जाता है। मेरे नए उपन्यास का फ़लक ज़्यादा विस्तृत है। उसमें संघर्ष केवल नेशनल पार्टियों एवं विदेशी ताक़तों से भिड़ने तक न होकर स्थानीय सियासी पार्टियों के अन्दर का जीवन, उनकी उलझनें और टकराहट को मैंने उठाया है जो बेहद मुश्किल काम है। उनकी व्याख्या और विवेचना करते हुए उन्हें कहानी के ताने-बाने में गूँथना, ख़ासकर तब जब बहुत-सी कमज़ोरियाँ भी अरब संघर्ष में वजूद रखती हों। इन पार्टियों में औरतों की भूमिका को भी मैंने खुलकर दिखाया है।

नासिरा शर्मा : बहुत दिलचस्प होगा पढ़ना!

नादिया खोस्ट : हाँ, मगर मुझे डर है कि जो प्रतिध्वनियाँ इससे उठेंगी उन्हें सुनना

मेरे लिए दिलचस्प न होगा, ख़ासकर तब जब मुझसे हर आदमी ख़फ़ा होगा (हँसी)।

नासिरा शर्मा : सियासी स्तर पर औरतें कितनी सक्रिय हैं?

नादिया खोस्ट : बहुत ज़्यादा, आरम्भ में बास पार्टी और कम्यूनिस्ट पार्टी द्वारा सक्रियता बढ़ी!

नासिरा शर्मा : आपके यहाँ कितनी पार्टियाँ हैं?

नादिया खोस्ट : अनेक! एक 'मुस्लिम पार्टी' भी है जिसे आप अनदेखा कर सकते हैं, मगर वह है और उसमें सबसे ज़्यादा औरतें सक्रिय हैं और हर जगह हैं!

नासिरा शर्मा : एक सामाजिक प्रश्न! तलाक़ का प्रतिशत कितना है?

नादिया खोस्ट : बहुत ज़्यादा! पहले तलाक़ न होने का कारण बदनामी का भय और आर्थिक मजबूरी थी। यह होगी 1950 की बात मगर उसके बाद औरतों के हालात बदले और अब तो तलाक़ का प्रतिशत बढ़ता ही जा रहा है। मेरा ख़याल है कि आज के लड़के-लड़कियों में नैतिक शिक्षा का अभाव इसका कारण है जिससे वह रिश्ते के महत्त्व को उतना स्थान जीवन में नहीं देते हैं जैसा पुरानी पीढ़ी देती थी। दूसरे, आर्थिक स्वावलम्बन औरतों में अब आ गया है। वह मर्द की तरह कमाने लगी हैं। अब तो वे सियासी स्तर पर भी अपना दृष्टिकोण रखती हैं।

ऑफ़िस के अलावा वे सियासी संस्थाओं में भी मौजूद हैं जैसे रेडक्रॉस, सेंट्रल कमेटी के जलसों में, और कई तरह की व्यस्तता है उनकी।

नासिरा शर्मा : यह सरकारी हैं या प्राइवेट?

नादिया खोस्ट : प्राइवेट हैं। मैं स्वयं सेंट्रल कमेटी ऑफ़ द सालीडेट्री ऑफ़ पैलेस्टेनियन की सदस्या हूँ, इन्तेफादा के साथ हूँ जो इस्रायली कार्यक्रम के विरुद्ध है जो फ़िलिस्तीन की सरहद को लेकर सारे देश में फैली है। इसमें लेखक हैं, डॉक्टर हैं, औरतें हैं और अपनी-अपनी तरह से रेडक्रॉस, डिफ़ेंस में सहयोग देते हैं। पर्यावरण को लेकर जो हमारी संस्था है उसमें केवल महिलाएँ हैं और अब हम उसमें पुरुषों की भागीदारी चाहते हैं।

नासिरा शर्मा : यहाँ की औरतों की वास्तविक या कहें बुनियादी समस्याएँ क्या हैं?

नादिया खोस्ट : बुनियादी समस्या है औरत की स्थिति और क़ानून के बीच की दूरी। औरतें शिक्षित हैं, कामकाजी हैं। यदि आप केवल इन्फ़ार्मेशन मिनिस्ट्री चली जाएँ तो पाएँगी ढेरों वीमेन डायरेक्टर वहाँ नए-पुराने प्रोजेक्ट में व्यस्त हैं लेकिन क़ानून की नज़र से वह मर्दों के बराबर नहीं हैं। जो इस्लामिक क़ानून हमें विरासत में मिले हैं वही चल रहे हैं।

नासिरा शर्मा : मगर सद्दाम हुसैन ने इराक़ में शिया क़ानून लागू कर स्त्रियों को रूढ़िवादिता से मुक्त किया था।

नादिया खोस्ट : हाँ, इराक़ में 1960 में अब्दुल क़ासिम ने यह अधिकार औरतों को दिए थे मगर जैसे ही मोहम्मद आरिफ़ आए उन्होंने क़ानून बदल दिया। सद्दाम ने सत्ता में आते ही दोबारा वे सारे क़ानून बहाल किए जो औरतों के हक़ में जाते थे। इस तरह से देखें तो पाएँगे कि टूनिस और इराक़ सीरिया के मुक़ाबले में प्रगतिशील रहे हैं।

नासिरा शर्मा : यदि ऐसा है तो फिर सीरियाई औरतें उसकी माँग क्यों नहीं करती हैं?

नादिया खोस्ट : हमने कोशिश की मगर इस तरह के बदलाव लाने में सीरियन सत्ताधारी या तो डरते हैं या फिर वह धार्मिक समुदाय एवं मुल्ला-मौलवियों को नाराज़ नहीं करना चाहते हैं और यही हमारी बुनियादी समस्या है। उदाहरण के रूप में सरकारी स्तर पर औरत समाज चाहता था कि 'यूनियन ऑफ़ वीमेन' बने। इस योजना को सरकार का प्रोत्साहन मिला और बड़ी अच्छी तरह से यह बिल संसद में पेश हुआ, क्योंकि वे चाहते थे कि स्थिति में पूर्ण रूप से न सही थोड़ा-बहुत तो बदलाव आए। मगर उसे बास पार्टी के कुछ प्रतिनिधियों द्वारा रद्द कर दिया गया। बहुसंख्या पुरुषों की थी जो औरतों को इस्लामी क़ानून के अन्दर किसी तरह की भी सहूलियत और स्वतंत्रता देने के हक़ में नहीं थे। तब से आज तक फिर किसी ने दोबारा 'नया क़ानून' लाने की पेशकश नहीं रखी।

नासिरा शर्मा : इराक़ में शायद इसलिए भी स्वीकार कर लिया गया कि वहाँ शिया आबादी थी।

नादिया खोस्ट : हाँ, क्यों नहीं, ट्यूनेसिया, इराक़ और कुछ वर्षों पहले यमन में यह बदलाव आया जिसने औरतों की समस्याओं को सही अर्थों में समझा।

नासिरा शर्मा : यहाँ पर कई विवाह का प्रचलन भी होगा?

नादिया खोस्ट : क्यों नहीं! मगर केवल वही पुरुष करते हैं जिनके पास बहुत पैसा होता है। यहाँ पर आर्थिक स्थिति जब पुस्तक छापने और ख़रीदने की इजाज़त नहीं दे पाती तो दूसरा विवाह करने की छूट कैसे दे सकती है। हमारे सामने बहुत बड़ी कठिनाई आज आन खड़ी हुई है कि हमारे जवान शादी नहीं कर सकते हैं। क्योंकि अपना अलग फ़्लैट लेना बहुत महँगा पड़ रहा है फिर बच्चे पालना तो और भी महँगा है। इस आर्थिक स्थिति ने हमारे सामने जटिल प्रश्न उठा दिए हैं।

नासिरा शर्मा : मिस्र की तरह?

नादिया खोस्ट : हाँ, वहाँ भी अपना फ़्लैट लेना, विवाह करना बहुत महँगा पड़ता है। इसलिए जवानों का दूसरा, तीसरा विवाह तो एक मज़ाक है। वैसे भी पुरानी पीढ़ी में भी इस तरह का अभ्यास नहीं था मगर मुसलमानों के बारे में तथ्य से ज़्यादा अफ़वाह सच बनकर रह गई। मैं जब बच्ची थी मुझे नहीं याद कि हमारे पड़ोस या जानने वालों में दो-तीन बीवियों का चलन था।

नासिरा शर्मा : कितने धार्मिक हैं सीरियन लोग?

नादिया खोस्ट : मेरे विचार से मज़हबी होना जो हर तरफ फैलाया जा रहा है वह एक सियासत है। पहले यह ज़रूरत थी कि एक सामाजिक मर्यादा का पालन हो। लेकिन अब पूरी तरह समय बदल गया है। सीरिया में उग्रता बढ़ रही है, हत्याएँ भी होती हैं। इसका कारण अमेरिका है। सोवियत लैंड के बिखराव के बाद कोई दूसरी शक्ति नहीं बची जो कोई विशेष कार्यक्रम रखती। अब जो है वह अमेरिका के हाथों में है। इसलिए लोग धर्म की तरफ़ झुक रहे हैं। मैं बुरा नहीं समझ रही हूँ कि वह अपना समाधान प्रगतिशीलता में न देखकर धर्म में ढूँढ़ने लगे हैं। कम-से-कम उन्होंने आशा तो नहीं छोड़ी है, यह मेरे लिए ज़्यादा अहम है। फ़िलहाल धर्म कोई सामाजिक मापदंड या पैमाना न होकर एक राष्ट्रीय आन्दोलन है। उदाहरण के लिए फ़िलिस्तीन में दस साल पहले जब कोई जुलूस निकलता तो उसमें सम्मिलित औरतें बिना स्कार्फ या पर्दे के होतीं मगर अब सब पर्दे में रहती हैं। इसका सबसे बड़ा कारण है कि सारी सियासी पार्टियाँ, संस्थाएँ अपने लक्ष्य में हार गईं। कहीं उनके अन्दर कमियाँ थीं जो बहुत अच्छा काम वे जनता के लिए नहीं कर पाए। कौन है

जो राष्ट्रीय उद्देश्य के लिए जान क़ुर्बान कर रहा है? वह 'हमास' पार्टी है। जिहाद आन्दोलन है। लोग देख रहे हैं कि देश के लिए कौन मर रहा है सो उसके पीछे भाग रहे हैं। लेबनान में कम्यूनिस्ट पार्टी बहुत अहम थी, सीरियन नेशनल पार्टी ने इस्रायली के विरोध में जान की बाज़ी लगाई थी मगर उसके बाद हिज़बुल्लाह पार्टी अर्थात् पार्टी ऑफ़ अल्लाह ने उसका स्थान ले लिया। इसका कारण था कि उसने बड़ी दक्षता से लोगों को जमा किया जिन्हें उन्होंने आज़ादी दी और उन्होंने लक्ष्य को पूरा किया। मैं उस पार्टी की सदस्या नहीं हूँ मगर देख रही हूँ कि जो धर्म पर विश्वास नहीं भी रखते हैं तो भी वह इस पार्टी का समर्थन करते हैं क्योंकि वे जो कहते हैं वही करते हैं और उनकी मुठभेड़ सीधी साम्राज्यवाद से है। इसलिए इस इलाक़े में इस्लाम के फैलने का कारण आपको गहराई से समझना होगा, विशेषकर सियासी सन्दर्भ में। यहाँ पर हमारी कांग्रेस में है। यह भी याद रखना होगा कि यह इस्लामिक राष्ट्रीय आन्दोलन ईसाइयों के विरोध में नहीं है। ईसाई हमारे हमवतन हैं। हमारे साथ वे अमेरिका, इस्रायल, साम्राज्य के विरोध में खड़े हैं।

(*राष्ट्रीय सहारा*, 2005)

मरियम ख़ेर बेग

सीरिया

मरियम ख़ेर बेग कविता और कहानी के अतिरिक्त पत्रकारिता में भी अपनी उपस्थिति दर्ज कराती हैं। मूलतः उनकी चर्चा बच्चों के साहित्य के कारण अधिक होती है। अरब पत्रकार यूनियन और यूनियन ऑफ़ पब्लिशर की सदस्या मरियम किसी भी सियासी पार्टी से सम्बन्धित नहीं हैं। मगर अपने परिवेश के प्रति सजग हैं। सीरिया की राजधानी दमिश्क में हुई मुलाक़ात में मरियम उत्साह से भरी लेखिका लगीं जो बहुत कुछ करने का हौसला रखती हैं। फ़िलहाल उनकी बच्चों के लिए लिखी पुस्तकों की संख्या 150 है और सौ के लगभग कहानियाँ समाचार-पत्रों में छपी हैं।

न चाहते हुए भी फ़र्क़ हो जाता है

नासिरा शर्मा : आप मुख्यत: किस उम्र के बच्चों के लिए लिखती हैं?

मरियम ख़ेर बेग : जब मैंने लिखना शुरू किया था तब मेरे अपने बच्चे नहीं थे। जब माँ बनी तो बच्चों के मनोविज्ञान को समझने का अवसर मिला! संयुक्त परिवार से हूँ इसलिए पाठकों की कमी नहीं। परिवार के बच्चों को कहानी सुनाती और उनकी टिप्पणियों को सुनकर आगे के विषयों पर बातचीत करती हूँ। मुख्यत: मेरी कहानियों को चार वर्गों में बाँटा जा सकता है :

- तीन वर्ष के बच्चे के लिए लिखती हूँ।
- तीन से पाँच साल के बच्चों के लिए लिखी कहानी में शिष्टाचार को केन्द्र में रखती हूँ।
- पाँच से आठ वर्ष के बच्चों के लिए लिखी कहानियों में शिष्टाचार को जीवन के विभिन्न क्षेत्रों में दिखाने, बताने, सिखाने पर ज़ोर देती हूँ।
- राजनीति। यह राजनीति वास्तव में देश-प्रेम और आम अरब की भावना को जगाने तक सीमित रहती है। जिसमें अपने देश के साथ अन्य अरब देशों के मान-मर्यादा, सम्मान पर भी ध्यान देती हूँ मगर मेरी पूरी कोशिश रहती है कि शिक्षा देने में कहानी की रोचकता व क़िस्सागोई समाप्त न हो।

नासिरा शर्मा : आपकी विचारधारा सियासी रूप से क्या है?

मरियम ख़ेर बेग : मैं जानती हूँ कि सियासत में भी जीवन से सम्बन्ध रखने वाले अनेक विषय मौजूद हैं। बतौर मिसाल उसमें 'शिक्षा' भी आती है मगर मैं इससे अलग रहना पसन्द करती हूँ। मैं सियासी विचारधारा पर ज़रूर यक़ीन करती हूँ मगर उसमें रहना नहीं। यदि मैंने कोई पार्टी ज्वाइन कर ली तो फिर मेरे उन सारे

प्रोजेक्ट पर थोड़ा-बहुत बन्धन तो लगेगा जो मैं स्वतंत्र होकर करती हूँ। तब शायद समय भी उतना न निकाल सकूँ जैसे आज निकालती हूँ।

नासिरा शर्मा : सीरियन औरत के बारे में आपके विचार?

मरियम ख़ेर बेग : सीरियन औरत ऐतिहासिक-सामाजिक दृष्टि से सबसे अलग है। उसने सीरिया के विकास में बराबर की हिस्सेदारी की है चाहे वह शिक्षा हो या विज्ञान, तकनीक हो या कला, राजनीति हो या समाज सेवा...वह अपने में पूर्ण है।

नासिरा शर्मा : इराक़ी औरत के बारे में आपके विचार?

मरियम ख़ेर बेग : इराक़ व सीरिया अलग नहीं हैं। इराक़ी औरत बेशक जीवन के हर क्षेत्र में मौजूद थी। अमेरिका के आक्रमण से पहले और आज भी वह बहुत कुछ झेल रही है! जब मैं सीरिया की औरत कहती हूँ तो मेरे दिमाग़ में दरअसल अपने इलाक़े की औरत का ख़ाका रहता है!

नासिरा शर्मा : किताबों की बिक्री की स्थिति क्या है?

मरियम ख़ेर बेग : पिछले दस वर्षों से आर्थिक स्थिति ख़राब है। किताबों की बिक्री ज़िन्दगी की ज़रूरतों की ख़रीद के सामने कम हुई है मगर मेरा लेखन इससे प्रभावित नहीं हुआ और जो कुछ आज अरब देशों में घट रहा है उससे लगता है कि शायद कल मुझे पुस्तकें छापना बन्द करना पड़े क्योंकि रंगीन चित्रों एवं चिकने काग़ज़ पर जो लागत आती है वह बहुत महँगी पड़ती है।

नासिरा शर्मा : सीरिया में बच्चों का साहित्य लिखने वालों को क्या अन्य साहित्यकारों की तरह सम्मान दिया जाता है?

मरियम ख़ेर बेग : बच्चों का साहित्य लिखने वाले लेखकों को विशेष सम्मान दिया जाता है। उनकी पुस्तक की छपाई को लेकर यहाँ पाठक बेहद सचेत हैं। बुद्धिजीवी वर्ग जानता है कि बच्चों के लिए लिखना आसान नहीं है। हमारे बीच किसी तरह की कुंठा नहीं है।

नासिरा शर्मा : भारत जैसे देश में इतनी जागरूकता एवं शिक्षा के बढ़ते अनुपात, सरकारी क़ानून के समर्थन एवं एनजीयोज़ के प्रयत्नों के बावजूद लड़के-लड़की

के बीच का फ़र्क़ मिट नहीं पाया है। आपके सीरियन समाज में लड़के-लड़की को लेकर लोगों की मानसिकता क्या है?

मरियम ख़ेर बेग : धर्म के अनुसार तो औरत-मर्द को बराबर का दर्जा दिया गया है मगर जब हम बच्चों को बिना फ़र्क़ के पालते हैं तो भी दोनों की परवरिश में सामाजिक एवं सियासी दबाव के चलते फ़र्क़ आ जाता है किन्तु सीरिया में अरब के अन्य देशों के देखते यह फ़र्क़ कम है मगर जाने-अनजाने यह फ़र्क़ बड़ों के बीच भी आ जाता है। जब विवाह के बाद औरत गर्भवती होती है तो उसकी ज़िम्मेदारी नैसर्गिक दृष्टि से बढ़ जाती है। बच्चे होना भी ज़रूरी है। उनका लालन-पालन अच्छा करना भी ज़रूरी है। कमाई और तरक़्क़ी करना भी ज़रूरी है। सारा कुछ एक ख़ास उम्र में आपके कन्धों पर कर्तव्य के रूप में आन पड़ता है और उस समय चाहने या न चाहने के बावजूद यह क़ुर्बानी औरत को करनी पड़ती है कि वह या तो नौकरी छोड़ दे या फिर कुछ वर्षों तक अपने व्यक्तिगत विकास की ओर से आँखें बन्द कर ले।

नासिरा शर्मा : यह समस्या हर देश, हर समाज की है। यदि बच्चों के बचपन को नकारकर जो औरत अपने कैरियर को महत्त्व देती है वह भी अन्त में इस कमी को लेकर ख़ुश नहीं रहती है। इस समस्या पर हमको गहराई से सोचना पड़ेगा।

(*अन्यथा* पत्रिका, 2004, सीरिया)

अन्ना सुवेवारा

रूस

अन्ना सुवेवारा दुबले-पतले बदन की तीस-बत्तीस वर्ष की एक ऐसी रूसी लेखिका हैं जिन्होंने अभी काम करना शुरू किया है। हँसमुख और अपनी ख़ुशहाल ज़िन्दगी से पूरी तरह मुतमईन। उनसे घर पर एक लम्बी बातचीत रिकॉर्ड हुई थी। उनका इंटरव्यू टीवी पर भी मैंने लिया था। उस समय उन्होंने जो काले रंग का लिबास पहना था वह बिना आस्तीन और गहरे गले वाला 'शमीज़' जैसा था। मुझे वह इतना नहीं खटका था मगर स्टूडियो में जब वह कैमरे के सामने बैठीं तो उनकी इस पोशाक पर एतराज़ हुआ। कपड़ा बदलने का अनुरोध हुआ जो उन्हें नाग़वार गुज़रा और उन्होंने साफ़ इनकार कर दिया कि कपड़ों में बुराई क्या है। वह बदलेंगी भी नहीं और इंटरव्यू भी नहीं देंगी। मामला ज़्यादा बिगड़ न जाए इसलिए बीच की कोई राह ढूँढ़ी जाने लगी। आख़िर स्टूडियो बुक हुआ था। फ़्लोर मैनेजर ने कई घंटों की मेहनत की थी। तय यह पाया कि इनको ऊपर से दुपट्टा ओढ़ा दिया जाए। लेडी प्रोड्यूसर को यह बात जम गई और अन्ना शिफान का दुपट्टा कन्धों पर डाल कैमरे के सामने हँसती हुई बैठ गईं।

यह वह दौर था जब सोवियत संघ बिखरा नहीं था। भारत-सोवियत मैत्री अपने चरम पर थी। उस वक़्त पूछे सवाल आज भी समसामयिक लगते हैं और महसूस होता है कि सालों के तेज़ी से गुज़रने के बाद भी समय जैसे हालात की मुट्ठी में आज भी फँसा हुआ है। उनसे अंग्रेज़ी भाषा में रिकॉर्ड किए गए इंटरव्यू के कुछ ज़रूरी अंश हिन्दी में :

हमारे समाज में आज भी औरत-मर्द के बीच फ़र्क़ है

नासिरा शर्मा : आप पहली बार भारतवर्ष आई हैं?

अन्ना सुवेवारा : नहीं, इससे पहले भी कई बार आना हुआ है। हम इंडियन्स को काफ़ी पसन्द करते हैं। इंडिया एक शानदार मुल्क है जिसमें तरह-तरह के नस्ल, धर्म, भाषा, रंग वाले लोग रहते हैं।

नासिरा शर्मा : आपकी केवल लेखन में रुचि है या...?

अन्ना सुवेवारा : मुझे संगीत और नृत्य का बहुत शौक़ है। अफ़सोस! किन्हीं कारणों से मैं उसे आगे नहीं बढ़ा पाई। बैले के प्रति मेरा लगाव बचपन से था जो आज भी कम नहीं हुआ है। लेखन में क्यों और कैसे आई यह मैं ख़ुद नहीं जानती हूँ। आगे वाला वक़्त ही इसका फ़ैसला करेगा।

नासिरा शर्मा : आपके यहाँ से छपने वाली महिला पत्रिका देखने का कई बार मौक़ा मिला है। बचपन में दीवानगी की हद तक मैंने रूसी साहित्य पढ़ा है। उसका एक कारण शायद उसकी बढ़िया छपाई और गेटअप भी था। सोवियतलैंड न जाकर भी मैं ख़यालों में उस माहौल को ज़हनी तौर से जीती रही हूँ। अब वहाँ की बातें अपने जीवनसाथी राम और बहन की मुँहज़बानी सुनती हूँ जिनका बराबर ताशकंद और दोशम्बा जाना होता रहता है।

अन्ना सुवेवारा : मैं समझ सकती हूँ। हमारे यहाँ यह पागलपन इंडियन फ़िल्मों को देखकर लोगों पर चढ़ा रहता है। नरगिस, राजकपूर, वैजयन्तीमाला जाने कितने नाम हैं। ज़बान न जानने के बावजूद भी हिन्दी गाना गाने की कोशिश लोग करते हैं।

नासिरा शर्मा : आपने अभी तक क्या लिखा?

अन्ना सुवेवारा : बहुत ज़्यादा नहीं मगर जो लिखा है उसे लोग पसन्द करते हैं। फ़ोन करते हैं। लंच या डिनर पर बुलाते हैं। जब मैं जाती हूँ उनकी दावतें स्वीकार करके, तो मेरे पति का मुँह देखने लायक़ होता है। उसका यूँ हसद में जलना बताता है कि उसको मुझसे गहरा प्यार है। ईर्ष्या को मैं और हवा देती हूँ ताकि हमारा प्यार ज़िन्दा रहे।

नासिरा शर्मा : डर नहीं लगता कि पासा पलट भी सकता है?

अन्ना सुवेवारा : होने को तो कुछ भी हो सकता है मगर ज़िन्दगी के इस रुख़ पर मेरी गहरी नज़र है।

नासिरा शर्मा : इतना विश्वास होना अच्छा है।

अन्ना सुवेवारा : विश्वास यूँ ही नहीं आया है। मेरे अन्दर कुछ ख़ूबियाँ भी हैं जैसे मैं अंग्रेज़ी भाषा जानती हूँ। थोड़ा-बहुत हिन्दी समझ व बोल लेती हूँ। देखने में स्मार्ट हूँ। जवान हूँ।

नासिरा शर्मा : अक्सर मैंने डिप्लोमेट्स की पार्टी में सोवियत औरतों को आपस में शिकायत करते सुना है कि मर्द किसी भी बड़े आदमी से उनका परिचय नहीं कराते हैं। उनको नज़रअन्दाज़ करते हुए वे आपस में हाथ मिलाते, टोस्ट क़रते, मिलते-मिलाते हैं। क्या यह शिकवा सही है?

अन्ना सुवेवारा : कुछ हद तक। इस मामले में ज़्यादा मैं नहीं कह सकती हूँ क्योंकि मुझे ऐसे तजुर्बे नहीं हुए हैं, मगर इतना अन्दाज़ा तो लग ही जाता है कि हम औरतें अभी दोयम दर्जे के नागरिक हैं। उसके अनेक कारण भी हैं। औरतों का दायरा घर तक सीमित होकर रह गया है। घर की व्यवस्था की भी अपनी चुनौतियाँ हैं, उन ज़िम्मेदारियों को औरत अकेले सँभालते हुए एक अलग तरह का विश्वास अपने में जीती है। उस दायरे में वह मर्द को घुसने नहीं देती है। मर्द का अपना दायरा है, वह औरत का हस्तक्षेप उसमें नहीं चाहता है।

नासिरा शर्मा : भारतवर्ष में ऐसा नहीं होता है। सुशिक्षित पुरुष जो बड़ी-बड़ी पदवी पर आसीन होते हैं, जब वह अपनी अशिक्षित पत्नी को लेकर ऐसी सरकारी पार्टियों में शिरकत करते हैं तो उनकी पत्नियों को कुछ ज़्यादा ही सम्मान व ध्यान उन

आयोजनों में दिया जाता है। पति चाहे घर में दो बोल भी पत्नी से न बोलता हो मगर ऐसे समारोहों में वह पत्नी के प्रति कुछ ज़्यादा विनम्र और ख़ुशमिज़ाज नज़र आते हैं, उनके कुलीग भी ऐसा ही करते हैं।

अन्ना सुवेवारा : मैं इतनी बारीक़ी से इस फ़र्क़ का कोई कारण नहीं बता पाऊँगी मगर इतना ज़रूर कहूँगी कि अभी हमारे समाज में औरत-मर्द के बीच फ़र्क़ है। ये सारी चीज़ें अभी समय लेंगी। औरतों को भी जीवन के अन्य कार्यक्षेत्रों में अपना लोहा मनवाना पड़ेगा।

नासिरा शर्मा : लेखन में मर्दों के मुक़ाबिले औरतों के नाम अभी काफ़ी कम हैं, मगर विभिन्न भाषाओं में उन्होंने अपने को बड़ी ख़ूबसूरती से व्यक्त किया है विशेषकर कविता में। मैंने मारीना इवानोव्ना त्स्वेताएवा की थोड़ी-सी शायरी पढ़ी है। उनकी ज़िन्दगी भी बड़ी कष्ट से भरी रही मगर उन्होंने जोखिम उठाने में कोई कसर नहीं छोड़ी।

अन्ना सुवेवारा : आपको सोवियत साहित्य की कौन-सी रचना महत्त्वपूर्ण लगी?

नासिरा शर्मा : मैं महत्त्वपूर्ण तो नहीं बता पाऊँगी मगर हाँ इतने लेखकों को पढ़ने के बावजूद जो रचना ज़हन में ठहरी रही वह है माँ (मदर)। इस उपन्यास के जाने कितने ऐसे दृश्य हैं जो आज भी दिमाग़ के स्लेट पर ज़िन्दा हैं। इस उपन्यास को भी मैंने छठी या सातवीं कक्षा में गर्मियों की छुट्टी में पढ़ा था। बड़ी बहनों की वजह से यह आसानी छोटे भाई-बहनों को रहती है कि उन्हें अक्सर बिना किसी मेहनत के अच्छी किताबें पढ़ने को मिल जाती हैं।

अन्ना सुवेवारा : आज बहुत कुछ नया और अच्छा लिखा जा रहा है। उसके अनुवाद उपलब्ध न होने के कारण पाठकों तक वे पुस्तकें पहुँची नहीं हैं।

नासिरा शर्मा : आपने भारतीय लेखकों में से किस-किस को पढ़ा है?

अन्ना सुवेवारा : सच पूछें तो किसी को नहीं परन्तु अपने यहाँ के सारे क्लासिक पढ़े हैं। मैं जानती हूँ मुझे लिखने के लिए विश्व-साहित्य को भी पढ़ना चाहिए मगर सब कुछ इकट्ठा नहीं कर सकती हूँ। कभी आगे बड़ी डिग्री भी लेने की इच्छा उठती है।

नासिरा शर्मा : आपकी रचनाएँ अनुवाद हुई हैं?

अन्ना सुवेवारा : नहीं, मैंने इस बारे में सोचा ही नहीं। आपकी?

नासिरा शर्मा : नहीं! अभी मेरा लेखन आप ही की तरह शुरू हुआ है। चन्द कहानियाँ बच्चों की और एक कहानी-संग्रह छपा। बस।

अन्ना सुवेवारा : हमारे आगे अभी पूरा भविष्य पड़ा है। वर्तमान में खड़ी मैं अपने भविष्य में किए जाने वाले लेखन के बारे में अभी कुछ नहीं कह सकती हूँ। हमारी विरासत का भंडार इतना बड़ा है कि उसके आगे कुछ दावा करना या फिर कुछ बोलना अभी जल्दी है। मुझे ज़्यादा गम्भीर होना पड़ेगा।

नासिरा शर्मा : उम्मीद करती हूँ अगली बार जब हम मिलेंगे तो औरत और साहित्य पर खुलकर चर्चा करेंगे।

अन्ना सुवेवारा : हाँ, तब तक अनुभव और लेखन में थोड़ा-बहुत आगे ज़रूर बढ़ चुकी हूँगी।

(1981, नई दिल्ली)

मिस ए. योकाहाशी

जापान

मिस ए. योकाहाशी ने एम.ए. की डिग्री लेकर फ़ौरन ही काम करना शुरू कर दिया। इस समय वह एक तकनीकी रिसर्च इंस्टीट्यूट में मैनेजर की पोस्ट पर हैं। उनके ऊपर उतने ही ऑफ़िसर हैं जितने इनके नीचे मातहत। उनसे तकनीकी सवाल किए जा सकते थे मगर जापान की इस ख़ूबी के बारे में दुनिया जानती है। जो जानने की उत्सुकता थी वह वहाँ की अन्दरूनी ज़िन्दगी थी। कि जापानी कैसे रहते और क्या सोचते हैं। सबसे बड़ी यहाँ परेशानी भाषा की भी थी। जापानी भाषा न जानना और उनका अंग्रेज़ी में अपने को अभिव्यक्त न कर पाना भी एक बड़ी समस्या है। परन्तु मिस योकाहाशी अंग्रेज़ी बोल लेती हैं और देश-विदेश में यात्राओं के कारण उनको दूसरों का दृष्टिकोण समझने में दिक़्क़त भी नहीं पेश आती है। उनके माँ-बाप नागासाकी में रहते हैं और वह अकेली टोकियो में, एक भाई भी नौकरी के चलते अमेरिका में रहता है। उनसे हुई बातचीत के कुछ अंश :

तन्हा औरत मशीन में नहीं बदल जाती

नासिरा शर्मा : आपसे मिलकर बहुत ख़ुशी हुई। मैं जापान तो पहली बार आई हूँ मगर जापानियों से हमारा मिलना-जुलना ख़ासा गहरा है। मेरे पति प्रोफ़ेसर शर्मा और हिरोशिमा विश्वविद्यालय के प्रोफ़ेसर फ्यूजीवारा कई वर्षों से ज्योग्राफ़ी के फील्ड में साथ-साथ काम कर रहे हैं।

मिस ए. योकाहाशी : बहुत ख़ुशी हुई यह जानकर। मैं तो केवल इसलिए उत्तेजित हूँ ख़ुशी से कि मैं पहली बार किसी इंडियन से वह भी एक राइटर से मिल रही हूँ, काश मैं आपकी पुस्तकें पढ़ सकती। वैसे मुझे फ़िक्शन पढ़ना पसन्द नहीं है। मेरी साफ़गोई को माफ़ करिएगा। दरअसल शुरू से मेरा रुझान हिस्ट्री और टेक्नोलॉजी की तरफ़ रहा है।

नासिरा शर्मा : इसमें बुरा मानने जैसी कोई बात नहीं है, मैं भी बिलकुल आपसे अलग पसन्द रखने वाली हूँ!

मिस ए. योकाहाशी : चलकर कहीं बैठते हैं और कॉफ़ी के साथ एक-दूसरे को जानते हैं।

नासिरा शर्मा : हिरोशिमा के बारे में जाने कितना कुछ पढ़ा था। उस तबाही को पढ़कर आज भी रोंगटे खड़े हो जाते हैं।

मिस ए. योकाहाशी : लोग उस ख़ौफ़नाक हादसे से आज भी नहीं निकल पाए हैं मगर उस पीढ़ी के लोग कम बचे हैं। नई पीढ़ी तो उसे अतीत मानती है।

नासिरा शर्मा : टोकियो शहर की टाउन प्लानिंग और दरख़्तों का साथ पूरे माहौल को वैभव प्रदान कर रहा है।

मिस ए. योकाहाशी : शुक्रिया! टोकियो एक ख़ूबसूरत शहर है। हमारे पास जगह कम है, समुद्री किनारे पर बसे हैं, तटवर्ती इलाक़े क्षतिग्रस्त हो जाते हैं।

नासिरा शर्मा : जापान एक ऐसा मुल्क है जो तबाह होकर फिर से विकसित हुआ है। यहाँ पहुँचकर सबसे पहला सवाल दिमाग़ में आया कि यह सब कैसे सम्भव हो सका। यक़ीनन इसमें औरत की हिस्सेदारी का प्रतिशत ज़्यादा होगा?

मिस ए. योकाहाशी : ऐसा कहना तो नहीं चाहिए क्योंकि हम दोनों ने तबाही को देखा और तबाह जापान को फिर से शादाब व हरा-भरा बनाने में मर्द-औरत दोनों ने मेहनत, लगन और हिम्मत दिखाई है।

नासिरा शर्मा : आज औरतों की स्थिति इस उन्नत-विकसित समाज में कैसी है?

मिस ए. योकाहाशी : बराबरी की है भी और नहीं भी। इसमें कोई शक नहीं है कि जब औरत-मर्द राष्ट्र-निर्माण में जी-जान से लगे हों तो उनका विवाहित जीवन तनाव से परिपूर्ण होगा। इसलिए पुरानी पीढ़ी की औरतें घर और बच्चे सँभालती रहीं और सुखी रहीं। यह काम भी अहम है मगर नई पीढ़ी ने शिक्षा ग्रहण की और नौकरियाँ करने लगीं। मगर शादी के समय उन्हें साफ़ तौर से नज़र आया कि या तो वह नौकरी कर सकती हैं या फिर शादी और बच्चे पैदा कर सकती हैं। बड़े शहरों में कई तरह की सहूलियतें हैं मगर रास्ता तय करना, समय पर पहुँचना यह सब कुछ छोटे बच्चे की सही देखभाल के साथ सम्भव नहीं है। मैंने जब नौकरी शुरू की तो इस इरादे से कि मैं शादी नहीं करूँगी। आज मैं अकेली हूँ। काम में सुख की तलाश करती हूँ।

नासिरा शर्मा : बड़ा मुश्किल फ़ैसला है। वैसे तो आज की औरत घर-बाहर दोनों जगहों पर अपनी पकड़ मज़बूत रखना चाहती है।

मिस ए. योकाहाशी : ऐसा यहाँ भी है मगर...जिन औरतों ने घर में गृहिणी की तरह रहना स्वीकार कर लिया वे तन्हाई को नहीं झेल पाती हैं। उनके पति सुबह निकलते हैं और देर रात लौटते हैं। या तो वे टीवी देखें या फिर ड्रिंक में अपने को डुबो दें। 'बावर्चीख़ाने के शराबी' नाम ऐसी औरतों को दिया गया है जो अपनी तन्हाई से लड़ती अपने को संयत रखने की कोशिश करती हैं। इस दबाव के कारण नई पीढ़ी में शादी न करने का फ़ैशन बढ़ता जा रहा है। हम जापानी ट्रेडिशनल लोग

हैं। पुरानी पीढ़ी नई पीढ़ी की अमेरिकन लाइफ़स्टाइल को पसन्द नहीं कर पा रही है मगर कर भी क्या सकती है। जापान के अपने सामाजिक और तकनीकी दबाव हैं।

नासिरा शर्मा : बच्चों के लिए तो बहुत कुछ है जापान में...

मिस ए. योकाहाशी : इसमें कोई शक नहीं है। मगर बच्चों पर भी दबाव है बेहतर से बेहतर करने का।

नासिरा शर्मा : पिछले दिनों एक लेख पढ़ा था जिसमें बताया गया था कि जापानी बच्चे इस तरह के दबाव में आकर गुमसुम होते जा रहे हैं।

मिस ए. योकाहाशी : हाँ, इसने हमको सोचने पर मजबूर किया है। हमारी क़ौम को संघर्ष करने, अपना बेहतर दिखाने और हर कार्यक्षेत्र में अव्वल आने की होड़ रही है। वह हमारे ख़ून में घुलमिल-सी गई है जो अच्छी बात है। लेकिन हर चीज़ की एक सीमा तो तय करनी पड़ती है।

नासिरा शर्मा : बच्चों पर भारी बैग, कोर्स और इम्तहान के बोझ के साथ अच्छे स्कूल, अच्छे नम्बरों का भी हिन्दुस्तान में ख़ासा प्रभाव है जो कम होना चाहिए। ख़ासकर किशोरों द्वारा आत्महत्या करना, ऐसी ख़बरें दिल को दुखा जाती हैं।

मिस ए. योकाहाशी : इनसानी विकास के साथ दुख भी हमारे बढ़े हैं। तकनीकी तौर से हम इतने आगे जा चुके हैं, और तो और बाज़ार में रोज़ नए-नए सामान आ रहे हैं जिनकी तरफ़ लड़कियाँ और लड़के उत्सुकता से देखते हैं। यदि हमारे पास कोई इलेक्ट्रॉनिक गेजेट ख़राब हो जाता है तो उसके सुधार का मेहनताना नए मॉडल की ख़रीद से कहीं ज़्यादा है।

नासिरा शर्मा : बाज़ार घूमते हुए हमको जो चीज़ें कारामद दिखने के साथ पसन्द भी आ रही हैं उनको ख़रीदना हमारे लिए बेकार है क्योंकि हमारी बिजली अभी इतनी पावरफुल है नहीं।

मिस ए. योकाहाशी : ओह!

नासिरा शर्मा : आपके देशवासियों को मैंने दरख़्तों के प्रति बहुत भावुक होते देखा है। वह पेड़ों के तने और शाखों से लटकते पत्तों को इस तरह सहलाते और थपकते

हैं जैसे एक इनसान दूसरे इनसान से मिलकर ख़ुश होते हैं।

मिस ए. योकाहाशी : हो सकता है। हमको ख़ुद के बारे में जानना आपके मुँह से सुनकर अच्छा लग रहा है। एक बात कहना चाहूँगी। हमारे मुल्क में एक भाषा, एक धर्म, एक नस्ल है जो इंडिया से बिलकुल अलग है। हम एक तरह से जीने, देखने और महसूस करने के आदी हैं मगर जब मैं इंडिया गई तो मुझे ख़ुशी का अहसास हुआ। तरह-तरह के लोग, भाषा, धर्म, बहुत कुछ देखने और जीने के लिए है वहाँ पर।

नासिरा शर्मा : मगर आपके यहाँ प्रकृति में कितने अनूठे रंग हैं। वह बड़ी ख़ूबसूरती से आपके एकाकीपन को तोड़ते हैं। फूलों से भरे दरख़्त, उनकी तराश, आसमान के रंग, समुद्र का फैलाव और मछली बाज़ार...

मिस ए. योकाहाशी : (हँसते हुए) आप वहाँ हो आईं?

नासिरा शर्मा : जी! मगर लाख कोशिश करने के बावजूद मैं कच्ची मछली नहीं निगल पाई। हाँ, आपके यहाँ का मशहूर 'सफ़ेद बीन्स केक' ज़रूर खाया है। गीशा का गाना भी सुना है। जापान देखना दरअसल एक बड़े अनुभव से गुज़रना है। ख़ासकर हिरोशिमा शहर।

मिस ए. योकाहाशी : शुक्रिया!

नासिरा शर्मा : टी सेरिमनी भी बड़ी दिलचस्प लगी। काश! मैं जापानी जानती और वहाँ आई औरतों से गप्पें मार सकती! मुझे अफ़सोस है कि उसी गार्डेन से मिले हॉल में कुछ चित्रकार अपने चित्रों का प्रदर्शन कर रहे थे मगर मैं लाचार-सी सिर्फ़ खड़ी-खड़ी गेस कर रही थी।

मिस ए. योकाहाशी : हमने अपनी ज़बान को रिच बनाया है मगर नई पीढ़ी अंग्रेज़ी के महत्त्व को समझ रही है। आप जापान में ख़ास बदलाव देखेंगे।

नासिरा शर्मा : आप अपने काम की जगह कैसा महसूस करती हैं?

मिस ए. योकाहाशी : यहाँ औरतें एक विशेष स्तर तक आपको काफ़ी संख्या में काम करती नज़र आएँगी मगर जैसे-जैसे आप दूसरे डिपार्टमेंट पर नज़र डालेंगे,

जहाँ 'एक्सपर्ट' की ज़रूरत होती है वहाँ पर उनकी गिनती कम होती जाती है। मेरा काम बहुत कठिन तो नहीं है मगर औरतें कुलीग कम हैं। मर्द सहयोग करते हैं। सच पूछें तो अच्छा और बुरा व्यवहार भी पुरुषों के अपने मिज़ाज और परिवेश के अनुसार होता है। कुछ मायनों में हम आगे बढ़े हैं। बहुत छोटी-छोटी तकलीफ़ों में हम अपना वक़्त बर्बाद नहीं होने देते हैं। एक अकेली औरत मशीन में तो बदल नहीं जाती है। वह अपने शौक़ के चलते अकेला रहना स्वीकार करती है मगर उस घर को तो नहीं भुला पाती है जिसमें उसने माँ, बाप, भाई, बहन के साथ अच्छा और मीठा जीवन गुज़ारा है। वह उस जीवन का सपना लेती ज़रूर है मगर व्यावहारिक रूप से उसे जी नहीं पाती है।

नासिरा शर्मा : आपको उस घर के न बना पाने का अफ़सोस है?

मिस ए. योकाहाशी : कह नहीं सकती। वैसे इच्छा और यथार्थ का फ़र्क़ मैं समझती हूँ। इच्छा की सड़क पर कल्पना की उड़ान भरना बुरा भी नहीं लगता। अन्त में वह आपको झूठी ही सही मगर ख़ुशी तो देता है। यथार्थ रोज़ जीने की उमंग के साथ आपके व्यक्तित्व का लगातार निर्माण भी करता है। मेरी बनावट ऐसी है कि मैं सारे दिन घर की सफ़ाई, बच्चे का लालन-पालन, बाज़ार जाकर ख़रीदारी और फिर सुस्ताते हुए टीवी इस क़ीमत पर हरगिज़ नहीं देख सकती कि मुझे एक मर्द का साथ पति के रूप में चाहिए, जो ख़ुद देर शाम को थका आए और मैं उसकी कुंठाओं को सहन करूँ। ऐसी घुटन भरी ज़िन्दगी को जीते हुए मैं अपनी सहेलियों को देखती हूँ। वह मुझे मंजूर नहीं है।

नासिरा शर्मा : अब चलने का समय हो रहा है। आपने मेरे लिए इतना वक़्त निकाला उसके लिए शुक्रिया। जब कभी दिल्ली आएँ तो घर आना और फ़ोन करना न भूलें।

मिस ए. योकाहाशी : शुक्रिया! मुझे ख़ुद आपसे मिलकर बहुत अच्छा लगा। आप पहली इंडियन हैं जिससे पहली बार लम्बी बात हुई है वरना टूरिस्ट बनकर जब हम कहीं जाते हैं तो घूमने और ख़रीदारी के अलावा हमारी कोई रुचि नहीं रहती। मैं आपका अपने देश में स्वागत करती हूँ और धन्यवाद देती हूँ कि आप इतनी दिलचस्पी मेरे देश में ले रही हैं।

(1987, टोकियो, जापान)

नाज़िया हसन

फ़िलिस्तीन

नाज़िया हसन पी.एल.ओ. वीमेन डेलिगेशन की हेड के रूप में एक अहम पदवी सँभाले हुई थीं। उनसे मुलाक़ात करते समय अनेक सियासी सवाल भी दिमाग़ में उभर रहे थे। उस सियासत से औरत कितना आहत होती है यह मुद्दा मेरे लिए बाक़ी प्रश्नों से कहीं महत्त्वपूर्ण हो उठा था! नाज़िया के चेहरे पर जो सन्तोष का ठंडापन फैला हुआ था उसको देखकर यह कोई नहीं कह सकता था कि यह औरत पिछले पचास वर्ष से अपने वतन को ख़ाक व ख़ून में लिथड़ा देख रही है। उनके स्वर में उत्तेजना की जगह धैर्य था। आँखों और स्वर में एक गहरा विश्वास था। इस सबके बावजूद कहीं-न-कहीं से एक दुख का साया उनके मुख से होकर बड़ी ख़ामोशी से उनकी हँसी में छुप जाता था।

योद्धाओं से बड़ी माँ की भूमिका

नासिरा शर्मा : पिछली आधी सदी से फ़िलिस्तीनी समाज युद्ध की विभीषिका झेल रहा है, ऐसी स्थिति में औरत का सहयोग और योगदान क्या है?

नाज़िया हसन : औरत के सहयोग के बिना इस संघर्ष का दो क़दम चलना भी मुश्किल था। औरत की क़ुर्बानी से ही मर्द को शक्ति मिलती है। वह बच्चे पैदा करती है और उसको पाल-पोसकर बड़ा इस आशा में नहीं करती है कि वह उसके बुढ़ापे की लाठी बनेगा बल्कि इसलिए करती है कि वह रणक्षेत्र में जाकर शहीद हो और बूढ़ी माँ तब उसकी क़ब्र पर सिर पटक-पटककर रोये। यह दृश्य और व्यथा हमारी रोज़ की ज़िन्दगी में इस तरह शामिल हो गई है कि हमको इसकी आदत-सी पड़ गई है।

नासिरा शर्मा : ऐसी हालत में उन बच्चों की मानसिकता पर क्या प्रभाव पड़ता होगा जो बम के धमाके, पिता-चाचा के जनाज़े और बड़े भाइयों के शव देखते होंगे?

नाज़िया हसन : यहीं तो फ़िलिस्तीनी औरत के धैर्य एवं हिम्मत की दाद देनी पड़ती है कि वह किस संयम और अनुशासन से बच्चों को पालती है कि वह सहज और निरोग बढ़ें और अपने समाज, जीवन-लक्ष्य, विश्व स्तर पर होती राजनीति को समझते हुए अपने विरोध में उठे अन्याय के कोलाहल में अपना योगदान देने से न झिझकें और न ही उसकी भर्त्सना करें। माँ की भूमिका आज फ़िलिस्तीन के लिए लड़ते योद्धाओं से भी अधिक महत्त्वपूर्ण है।

नासिरा शर्मा : इस संग्राम में 'पान अरब' की भूमिका?

नाज़िया हसन : पान अरब अर्थात् अरब देशों की एकता! अरब एकता हर मुद्दे पर एक नहीं हो सकती है। अलग-अलग राष्ट्र की अपनी-अपनी समस्याएँ हैं। कभी

वे सब किसी एक मुद्दे पर एक हो जाते हैं कभी नहीं।

नासिरा शर्मा : आपको नहीं लगता कि इससे आपके संघर्ष को धक्का लगा है? जो युद्ध-विराम या शान्ति सुरक्षा बहुत पहले इस इलाक़े को मिल जानी चाहिए थी वह पाँच दहाई से ज़्यादा खिंच रही है?

नाज़िया हसन : आपका कहना सही है मगर हमने किसी के भरोसे यह जद्दोजहद शुरू नहीं की थी। जो अरब देश हमारा साथ दे रहे हैं उनके प्रति हम कृतज्ञ हैं परन्तु जो नहीं हैं हमारे साथ उनके बारे में कुछ कहना उचित नहीं है। उसके कारण अनेक हैं और वह जगजाहिर हैं।

नासिरा शर्मा : इस युद्ध का सिलसिला जो लगातार चल रहा है उसमें किशोरियों की मन:स्थिति क्या होगी?

नाज़िया हसन : जैसा कि मैं पहले भी बता चुकी हूँ कि सारे भय, ख़ून और मौत के बावजूद औरतों ने ज़िन्दगी की लय को तोड़ा नहीं है। उन्होंने बच्चे पैदा करने बन्द नहीं किए हैं। उसी तरह लड़कियों ने अपनी नाजुक अनुभूतियों को दफ़न नहीं कर दिया है। उनके दिल धड़कते हैं, उसमें प्यार-अनुराग के अंकुर फूटते हैं। वह अपने आसपास के वातावरण से पूरी तरह चौकस रहती हैं। जहाँ पढ़ने की सुविधा है पढ़ती हैं। जहाँ नहीं है वहाँ परिस्थितियों से जूझती हैं। भले ही संसार की अन्य लड़कियों की तरह उनका जीवन समान गतिविधि का न हो तो भी वह सहज एवं सन्तुलित रहती हैं।

नासिरा शर्मा : फ़िलिस्तीन का भविष्य?

नाज़िया हसन : उज्ज्वल है। हमारा संघर्ष हमको हमारे लक्ष्य तक एक दिन ज़रूर पहुँचाएगा। फ़िलिस्तीन में शान्ति होगी और हम नॉर्मल जीवन व्यतीत कर पाएँगे। (हँसी)

नासिरा शर्मा : मेरी शुभकामनाएँ आपके साथ हैं।

(अप्रकाशित, 1983, अन्तर्राष्ट्रीय महिला सम्मेलन)

नूरिट ज़ारची

इस्रायल

नूरिट ज़ारची 1941 में जेरुशलम में पैदा हुईं। नूरिट बच्चों की महत्त्वपूर्ण लेखिका के साथ कवयित्री हैं। बच्चों के लेखन के लिए उन्हें इस्रायल का हर सम्मानित पुरस्कार मिल चुका है जिसमें महत्त्वपूर्ण 'ज़ी इव' पुरस्कार भी शामिल है! बच्चों के लिए चालीस से अधिक पुस्तकें पद्य-गद्य में छप चुकी हैं। कुछ पुस्तकों का हिब्रू भाषा से अंग्रेज़ी में अनुवाद भी हुआ है। नूरिट प्रयोगधर्मी हैं और महिला अधिकारों की भीषण पक्षधर हैं। आई.सी.सी.आर. के एक्सचेंज प्रोग्राम के तहत वह भारतवर्ष आई थीं। गोरा रंग और दुबली काया, घुँघराले कटे बालों के बीच से झाँकता उनका नर्म चेहरा और चमकीली आँखें, स्कर्ट और ब्लाउज़ पहने हुए जो शायद उन्होंने जनपथ से ख़रीदा था। यह बातचीत हिल्टन होटल (जो आज ललित है) में हुई थी जहाँ वह ठहरी थीं।

लिंगभेद के विरोध में उठा क़लम

नासिरा शर्मा : आप पहली बार हिन्दुस्तान आई हैं?

नूरिट ज़ारची : कई बार आ चुकी हूँ। मुझे यह मुल्क पसन्द है गोकि मैं बहुत घूम और ख़रीदारी नहीं कर पाई मगर जो देखा वह वास्तव में मुझे चकित कर गया। मैं बार-बार आना चाहती हूँ।

नासिरा शर्मा : आपकी किताब 'नैनी को मत निकालो' पर 1979 को एंडर्सन सीटेशन (आई.बी.बी.वाई.) और बर्नस्टीन प्राइज़ फार चिल्ड्रेन्स लिटरेचर आपको मिला। उसकी कहानी क्या थी?

नूरिट ज़ारची : डोरी जोहर के माँ-बाप की जब तलाक़ हुई उसके बाद कुत्ता नैनी डोरी को बेहद प्यारा लगने लगा। जबकि लड़कियों का बाप ज़िन्दा है मगर उनके साथ नहीं रहता है। एक दिन उसकी माँ बिना लड़कियों से पूछे एक नए आदमी को घर ले आती है जिसका नाम गाबी है। गाबी को डोरी की छोटी बहन स्वीकार कर लेती है और उसकी माँ उस नए आदमी के कहने के मुताबिक़ बच्चों और घर की देखभाल शुरू करती है। गाबी को नैनी पसन्द नहीं और नैनी भी अभी आया है और अच्छी तरह ट्रेंड नहीं हुआ है। डोरी को लगता है कि बहुत जल्द नैनी को घर से बाहर भेज दिया जाएगा। वह इस नए आदमी को अपने पिता की जगह नहीं देख पाती और दिन-प्रतिदिन वह अपने को तन्हा और उदास पाती है। उसे जब टोका जाता है तो वह कहती है कि अगर कोई अपने घर में रो भी नहीं सकता है तो फिर यह मान लेना चाहिए कि वह घर अब उसका नहीं रह गया है। वह कुत्ते को घर में रखने की ज़िद इसलिए करती है कि वह घर छोड़ना नहीं चाहती है और ख़ुद को नैनी की जगह महसूस करती है। उसका विश्वास माँ-बाप की तलाक़ के बाद बड़ों के ऊपर से उठ चुका है। एक दिन कुत्ता सड़क दुर्घटना में घायल हो

जाता है और तब गोबी उसकी सेवा और देखभाल इस तरह करता है कि डोरी को अपने लिए विश्वास जागता है कि उसे माँ का प्यार और घर में उसकी देखभाल अच्छी तरह हो सकती है। इस कहानी में डोरी की स्थिति को कुत्ते के ज़रिये उभारा है। वास्तव में तलाक़ का क्या असर बढ़ते बच्चों की ज़िन्दगी पर पड़ता है इसको मैंने इसमें उभारा है।

नासिरा शर्मा : यह एक बहुत अहम मसला है। दो बड़े आपस में लड़कर एक बड़ा फ़ैसला ले लेते हैं मगर एक बच्चे की लड़ाई तो न माँ से होती है, न बाप से। वह इस रस्साकशी में बुरी तरह तनाव में घिर जाता है। आपके द्वारा उठाए इस विषय के कारण इस पुस्तक को काफ़ी महत्त्व मिला।

नूरिट ज़ारची : हाँ! यह एक बड़ा मुद्दा है अनचाहा बाप (या माँ) जो इनसान की तरक़्क़ी के साथ हर देश, हर समाज में बढ़ता दिख रहा है। हमारा मुल्क तो वैसे भी सियासी तौर पर कई तरह की कठिनाइयों से गुज़रता है। युद्ध है। मौत और दुख है फिर भी हम अपना हौसला बनाए रखना चाहते हैं। मेरी दूसरी किताबें अंग्रेज़ी में अनुवाद हुई हैं और एक हिन्दी भाषा में भी 'नन्हा हाथी' करके छपी है।

नासिरा शर्मा : इस्रायल में तलाक़ का प्रतिशत क्या है?

नूरिट ज़ारची : दिनोंदिन बढ़ रहा है। चूँकि औरतें शिक्षित और स्वावलम्बी बनती जा रही हैं इसलिए तन्हा जीना भी सीख चुकी हैं और दूसरा विवाह करने से भी अब पहले की तरह झिझकती नहीं हैं, तो भी धर्म और समाज की अपनी जकड़न हैं। हमारी अपनी मुश्किलें भी हैं जो अन्य समाज से ज़रा हटकर हैं। उसमें सियासत ने आकर और भी हालात भड़का दिए हैं मगर मैं इनसे हटकर उस सियासत की तरफ़ देखती हूँ जो औरत को लेकर होती है। उसे हर तरह से दबाया और धमकाया जाता है। मैं उसके ख़िलाफ़ हूँ। औरत एक इनसान है। उसको जीने का, अपने लिए सोचने और कुछ करने का पूरा हक़ है।

नासिरा शर्मा : आपकी पुस्तक 'द मास मेकर' अर्थात् मुखौटासाज़ की बहुत चर्चा है। आपके इस कहानी-संग्रह की भाषा-शैली को भी समीक्षा करने वालों ने बहुत सराहा और आलोचकों ने यहाँ तक लिखा है कि पिछले कई वर्षों के बीच छपने वाली यह पहली हिब्रू बुक है जिसने सबको आश्चर्य में डाल दिया है। नूरिट

ज़ारची ने इस्रायली गाथीक की रचना कर डाली है जिसमें रात और दिन, अँधेरा और उजाला के साथ विडम्बना और हास्य का अजीब मिश्रण है।

नूरिट ज़ारची : जी! इस संग्रह को बड़े लोगों ने अपने लिए लिखा देख ताज्जुब किया कि मैं बच्चों की जगह अब उनसे मुख़ातिब हूँ और दूसरा आश्चर्य उन्हें यह हुआ कि मैं स्त्री की पहचान को लेकर ज़रूरत से ज़्यादा संवेदनशील हूँ। मेरी इसी उम्मीद भरी सोच को लेकर मेरी इन कहानियों पर एक आलोचक ने लिखा था कि ज़्यादातर कहानियों में आशा की परछाइयों के साथ किसी फ़ैसले और चमत्कार होने की लालसा नज़र आती है। दुनिया दुख से भरी है, जिसमें तन्हाई है, बीमारी है, मौत है, इसके बावजूद इनके अपने अर्थ और कारण हैं। कभी-कभी यह नई शुरुआत की राह भी खोलती है।

नासिरा शर्मा : इन कहानियों में ऐसा क्या था जिससे आपके पाठक और आलोचकों को चौंकना पड़ा?

नूरिट ज़ारची : मैं अभी तक बच्चों से खेल-खेल में अपनी बातें कहती रही हूँ। इन कहानियों में पहली बार मैंने फैंटेसी को ऐतिहासिक घटनाओं के संग मिला यथार्थ की भूमि पर उन्हें लाई हूँ। मैंने ज़बर्दस्त क़लम की आज़ादी का प्रयोग बाइबिल और मिथ की कहानियों के बयान में रहस्यमय आत्मा की पैदाइश और औरत-मर्द की पहचान के आपसी रिश्तों को उठाने की कोशिश की है, बतौर मिसाल मेरी कहानी 'और वह जोजेफ़ थी'। बिबलिकल जोजेफ़ ज़ैकब की बेटी थी। यह पहचान इसलिए छुपाई गई थी ताकि ज़ैकब को निराशा न घेर ले। जोजेफ़ की लड़की वाले गुण उसकी रचनात्मकता में उभरने लगे। उसकी एक ही बदक़िस्मती थी कि एक मर्द के नाते उसे 'फैरो' का मैनेजर बनना पड़ेगा। मैंने अपनी सोच-विचार को भाषा देकर उस लड़की के अहसास को दिखाया है जो मर्दाना कपड़े पहने किसी मर्द सिपाही के पास लेटी अपनी ज़नाना पहचान को छुपाती पुरानी कहानियों की किताब को पढ़ने में व्यस्त है और माँ इस डर और चिन्ता से मरी जा रही है कि मर्दों की उस दुनिया में क्या मेरी बेटी अपनी पहचान को छुपाते हुए अपनी ज़िम्मेदारी का पालन एक दिलेर कूटनीतिज्ञ और सैनिक की तरह कर पाएगी।

नासिरा शर्मा : बहुत दिलचस्प होता इन कहानियों को पढ़ना अगर मैं हिब्रू भाषा जानती होती।

नूरिट ज़ारची : बाक़ी सभी कहानियाँ ऐतिहासिक हैं जिनमें 'स्त्री चरित्र' को उठाकर उसको केन्द्र में रख वर्तमान समय की इच्छा, निराशा, सपने, यथार्थ और इनसान की अपनी पहचान का प्रश्न उठाया है। अन्य दो कहानियाँ 'जलता सूरज...सबको देता उजाला' और 'प्लेग' भी इस नज़रिये से बहुत महत्त्वपूर्ण हैं कि एक इनसान के अन्दर के गुण उसके लिंग पहचान से जोड़कर देखे जाते हैं। मेरी एक कविता भी इसी नाम से है। 'वह जोजेफ़ थी' जो दस वर्ष पहले मेरी कविताओं के संग्रह 'औरत औरत की जननी है' में शामिल है।

नासिरा शर्मा : अगर चाहें तो इसको हिब्रू भाषा में सुनाएँ।

नूरिट ज़ारची : सुनाती हूँ और उसका कुछ अनुवाद अंग्रेज़ी में करती हूँ।

(नूरिट ने हिब्रू भाषा में कविता की दो पंक्तियाँ सुनाईं जो कानों को अजनबी लगीं और दिल व दिमाग़ में कोई स्पन्दन नहीं जागा।)

नासिरा शर्मा : इसका अर्थ...

नूरिट ज़ारची : (कुछ सोचने के बाद धीरे-धीरे वह पढ़ती हैं अंग्रेज़ी में जो हिन्दी में कुछ इस तरह से है) :

अपने तम्बू में बैठी रासेल
देख रही है घुँघराले बालों के काकुलों को
जो रेशमी कपड़ों में छुपी उसकी बेटी के हैं
जिसका नाम जोजेफ़ है।
मान लो, अगर चाहते हो तुम बेटा
तुम्हारी काश्तकारी का समय नज़दीक है
क्या करोगे झूठ बोलने के अलावा
ख़ुदा की इच्छा को सहना पड़ेगा।
छोटी बच्ची बैठी है तम्बू में
अपने रंग-बिरंगे कोट को पहने हुए
दुनिया की निगाह में वह लड़का है
मगर है वह दरअसल लड़की।

नासिरा शर्मा : इस तरह के लेखन पर आपको साहित्यिक दुनिया में भरपूर प्रशंसा मिली मगर धार्मिक कठमुल्लाओं ने किसी प्रकार का प्रतिरोध जताया?

नूरिट ज़ारची : मैंने धर्म के ख़िलाफ़ बोला ही कुछ नहीं जो पढ़कर कोई भड़कता। मैंने तो औरत की ख़ूबी के साथ उसके अहसास को अपने जज़्बात और अरमान दिए हैं। उस चरित्र को वर्तमान में लाकर आज का यथार्थ बयान किया है। (इतना कहकर नूरिट ने अपनी फ़ाइल में से फ़ोटो कॉपी किया एक पर्चा निकाला और आगे बढ़ाते हुए बोली) यह आपके लिए है।

नासिरा शर्मा : (मैंने पर्चा लेकर देखा और चन्द पंक्तियाँ पढ़ उन्हें देखा) यह तो कविता है नीचे लिखा है—बाई ए लेडी ट्यून 'गाड सेव अमेरिका'।

नूरिट ज़ारची : 'स्त्री के अधिकार' नाम की यह कविता पहली बार फिलोडेलफिया मिनाखा में 17 अक्तूबर, 1795 में छपी थी। यह पहला औरत के हक़ का बयान था जो यूनाइटेड स्टेट में छपा। इसकी लगभग एक सौ कॉपी इस ब्रांड साइज में बाई हैंड आईफी प्रेस से 1982 में शीत ऋतु में छपी थीं। इसके नीचे लिखा है—फ़ार ई.एन.के. एंड एस. के.। बहरहाल यह भावना तो जाने कब से स्त्री के मन में घुमड़ रही है कि उसके साथ न्यायपूर्वक, सम्मानजनित न व्यवहार होता है और न उसको ऐसे अवसर मिलते हैं जिसमें दो इनसानों को बराबर समझ उनका आदर किया जाए। यदि आप मुनासिब समझें तो इसका अनुवाद अपनी भाषा में करके पाठकों तक सन्देश पहुँचाएँ।

नासिरा शर्मा : इस तरह के विचार पिछली सदी के मध्य से साहित्य में हर विधा के रूप में अपनी उपस्थिति दर्ज करा रहे हैं। आपके विचार और भारतीय महिला लेखक के विचार में बड़ी समानता है। आज़ादी की चाहत का रंग और स्वाद एक ही होगा मगर क़ैद और अन्याय का चेहरे अनेक। मैं इस लम्बी कविता की शुरुआत की कुछ पंक्तियाँ अवश्य ही हिन्दी में पाठकों के सामने रखना चाहूँगी :

ख़ुदा हर औरत के अधिकार की रक्षा करो
उसे दिखाओ सम्मोहित करने वाला पक्ष
औरत आज़ाद है।
आज़ादी की आवाज़ को फैलने दो

नक़ाब को हटा रखो एक किनारे करो
दीप्तिमान अभिवादन
मीठी स्वतंत्रता को

नूरिट ज़ारची : अगर यहाँ भी इसी तरह सोचा जाता है तो फिर अगली बार मैं चाहूँगी उन महिलाओं से मिलना जो मेरी हमख़याल हैं।

नासिरा शर्मा : हिन्दी में द्रौपदी, सीता, लक्ष्मण की पत्नी, अहल्या आदि स्त्री चरित्रों पर हमारी लेखिकाओं ने इतिहास में दाख़िल हो उनके साथ किए गए अत्याचार के विरुद्ध आवाज़ उठाई है।

नूरिट ज़ारची : आपने ऐसी कोई रचना लिखी?

नासिरा शर्मा : नहीं। धार्मिक या क़ुरान में आई कहानियों पर काम हुआ है। इस्लाम एक आधुनिक धर्म है और कुल चौदह सौ साल पुराना है। इसलिए उसमें समय का बहुत लम्बा फ़ासला तय नहीं हुआ है जैसा हिन्दू, ईसाई या यहूदी धर्म का मामला है। कुछ बातें वर्तमान समय के पैमाने पर लिखने वालों को अखरती हैं। उस पर बहस तो होती है। मगर किसी किरदार को उठाकर अभी तक कोई उपन्यास, कहानी या कविता नहीं लिखी गई है तो भी कर्बला की जंग पर अवश्य हमारे कहानी सम्राट प्रेमचन्द ने और उर्दू की प्रसिद्ध एवं महत्त्वपूर्ण लेखिका इस्मत चुग़ताई ने 'एक क़तरा ख़ून' ज़रूर लिखा है। हो सकता है काम आने वाले समय में हो या फिर दूसरे देशों में लेखक लिख रहे हों। अब रहा सवाल रामायण या महाभारत के किसी किरदार को उठाना तो केवल कहानी जानने से सृजन नहीं हो पाता। ऐसे चरित्रों को लम्बे अरसे तक जीना भी ज़रूरी है तभी आप उस चरित्र के प्रति न्याय कर पाते हैं और उस निष्ठा की भी झलक दिखाते हैं जिसके कारण आपके मन में सकारात्मक व नकारात्मक प्रश्न उठे हैं।

नूरिट ज़ारची : यह तो है, जब तक परिवेश न मिले और किसी भाव के लिए मंथन न हो तब तक बात बनती भी नहीं है।

(अप्रकाशित, 1984, भारत)

फैयज़ा नावार

मिस्र

कैलोपेटरा के देश मिस्र की फैयज़ा नावार 36 वर्ष की एक ऐसी चित्रकार थीं जो अपना देश छोड़कर काम की तलाश में इराक़ आई थीं। चाइल्ड सेंटर में बच्चों की पत्रिका के दफ्तर में उनसे मुलाक़ात हुई। उन्होंने शाम को 'मंसूर मिलिया' होटल बग़दाद में, जहाँ मैं ठहरी हुई थी, आने का वायदा किया। शाम को हमारे बीच कला, जीवन, भावना को लेकर बातें हुईं। उन बातों में से कुछ महत्त्वपूर्ण हिस्से यहाँ दिए जा रहे हैं।

मेरी उपलब्धि बच्चों की ख़ुशी है

नासिरा शर्मा : अपने बारे में कुछ बताएँ?

फैयज़ा नावार : मैंने मिस्र के फ़ैकल्टी ऑफ़ फ़ाइन आर्ट अलकजेंड्रिया से चित्रकला में डिग्री ली है। मिस्र में दो आर्ट अकादमी हैं और ढेरों स्कूल हैं।

नासिरा शर्मा : औरत की स्थिति क्या है?

फैयज़ा नावार : ठीक है, बस शादी के बाद ज़रा काम करना कठिन हो जाता है।

नासिरा शर्मा : मिस्री लोग अधिकतर काले कपड़े पहनना क्यों पसन्द करते हैं, विशेष रूप से औरतें?

फैयज़ा नावार : दक्षिण में काला कपड़ा पहनना सम्मान की निशानी है।

नासिरा शर्मा : आप मॉडर्न स्कूल ऑफ़ पेंटिंग्स से हैं?

फैयज़ा नावार : मैं फिरौनिक आर्ट पद्धति पर काम करती हूँ।

नासिरा शर्मा : फिरौनिक आर्ट क्या है?

फैयज़ा नावार : स्कलप्चर, पेंटिंग, बन्नाई। दक्षिणी मिस्र में जाकर लगता था कि मैं स्वप्नलोक में आ गई हूँ, यथार्थ से कोसों दूर...वहाँ के आध्यात्मिक परिवेश से प्रभावित थी। वहाँ एक धुन्ध-सी भरी रहती थी जैसे ऐतिहासिक परिदृश्य किसी ख़्वाब की तरह महीन सफ़ेद पर्दों के बीच से दिख रहे हों। आपके यहाँ मन्दिरों में पूजा होती है मगर इस्लाम से पहले यहाँ सूरज की पूजा होती थी। हर समय का अपना एक निशान है जो अपने आपमें शताब्दियों की कहानी कह जाता है।

नासिरा शर्मा : बच्चों के लिए क्या करती हैं?

फैयज़ा नावार : ज़्यादातर सम्मानित व स्थापित पेंटर बच्चों के लिए या उस विषय में कुछ गढ़ने में झिझकते हैं! ज़्यादातर लोग चेहरा बनाना पसन्द करते हैं। चूँकि बच्चों के लिए कोई कुछ नहीं करना चाहता इसलिए मेरा रुझान उधर था। चार वर्ष से इस पर काम कर रही हूँ। पहले तीन वर्ष आर्ट अकादमी में पढ़ाती थी। जब इराक़ आई मैगज़ीन देखी तो बहुत पसन्द आई और मैंने बच्चों के लिए चित्र बनाना शुरू कर दिया।

नासिरा शर्मा : आपकी संस्कृति प्राचीन सभ्यता का महत्त्वपूर्ण अंश है। उस समाज में औरत की क्या भूमिका रही है?

फैयज़ा नावार : हमेशा मर्द के बराबर रही है सिर्फ़ उस मुल्क में ज़िन्दगी जीने की तकलीफ़ है!

नासिरा शर्मा : वह तकलीफ़ क्या है?

फैयज़ा नावार : अर्थव्यवस्था, पैसे की कमी और क्या। सभी औरतें अपनी शिक्षा के अनुसार काम करती हैं। उन्हें विवाह और तलाक़ की स्वतंत्रता है परन्तु स्थान पर भी निर्भर है कि यह घटना या दुर्घटना कहाँ घट रही है, शहर के दक्षिण में या पूर्व में या फिर गाँव में। हर जगह ज़िन्दगी का तरीक़ा फ़र्क़ है। शहर में अधिक स्वतंत्रता है।

नासिरा शर्मा : मर्द मिस्र में कितने विवाह करते हैं?

फैयज़ा नावार : दक्षिण भाग में दो परन्तु पूर्व में एक। दक्षिण भाग गर्म है। बहुत पिछड़ा हुआ है। मैं 1979 से लगातार बग़दाद आती रही हूँ। यहाँ छह-सात महीना रहकर चली जाती हूँ, वहाँ पर कपड़े पर डिज़ाइन भी बनाती हूँ।

नासिरा शर्मा : क्यों?

फैयज़ा नावार : वहाँ पर आर्ट का संसार बहुत पुराना है। स्थापित चित्रकार नए को घुसने नहीं देते हैं मगर इराक़ में ऐसा नहीं है इसलिए यहाँ पर चित्र बनाती हूँ।

नासिरा शर्मा : कितना मिलता है?

फैयज़ा नावार : एक पेज़ का 20-30 दीनार तक...सरकारी मैगज़ीन में कम और ग़ैर-सरकारी मैगज़ीन में ज़्यादा मिलता है।

नासिरा शर्मा : शादी क्यों नहीं की?

फैयज़ा नावार : मैं अपने शौहर से वफ़ादार रहना चाहती हूँ। इसलिए अपने आर्ट को समझने वाला आदमी मिले तब विवाह करूँगी क्योंकि ऐसे आदमी से विवाह करना बेकार है जो गृहस्थ औरत चाहता हो। मेरी उम्र बढ़ रही है। अब मुझे कोई पसन्द आए तो बहुत मुमकिन है कि वह मेरी उम्र से छोटा हो या फिर बड़ा भी हो सकता है।

नासिरा शर्मा : माँ-बाप कुछ कहते हैं?

फैयज़ा नावार : उनका मुझ पर पूरा विश्वास है।

नासिरा शर्मा : दूसरे भी नहीं कहते?

फैयज़ा नावार : पुराने ख़याालात के लोग कहते हैं मगर उनकी संख्या अब हमारे समाज में 25 प्रतिशत रह गई है।

नासिरा शर्मा : युवक वर्ग कैसा है?

फैयज़ा नावार : अनवर सादात के सत्ताकाल में अमेरिकन प्रचार माध्यम था। उनका बाज़ार था। वही मानसिकता बन गई! उसमें जवान ख़ुदग़र्ज़ हो गए। स्वार्थी बन वह सोचने लगे थे कि उनकी क्या पोज़ीशन है, इसको भूलकर वह अमेरिकन काउ ब्वाय बनना चाहते थे। पढ़ाई छोड़ दी। घूमने-फिरने में दिल लगने लगा और खोई जन्नत को पाने की ललक बढ़ गई थी। कभी-कभी पा जाते हैं तो कभी थके लौटते हैं।

नासिरा शर्मा : औरतें कैसी हैं?

फैयज़ा नावार : तीसरी दुनिया की औरतों की भूमिकाएँ बड़ी सीमित होती हैं। जो तलाक़शुदा हैं वे दूसरा विवाह करेंगी, जो कुँवारी हैं वे एक वक़्त विशेष का इन्तज़ार करेंगी।

नासिरा शर्मा : शादी तय कौन करता है?

फैयज़ा नावार : शहर में तो लड़के-लड़कियाँ एक-दूसरे को पसन्द करते हैं, फिर शादी हो जाती है। शादी के बाद घर की समस्या आती है कि कहाँ रहें? एक छोटा घर लगभग 15,000 दीनार में मिलता है, वह भी एक कमरे का। माँ-बाप के साथ रहने में अनेक कठिनाइयाँ होती हैं इसलिए अधिकतर लोग मध्यपूर्वी देशों में कमाने निकल जाते हैं ताकि शादी के लिए पैसा जोड़ सकें।

नासिरा शर्मा : औरतें कौन-कौन-सी नौकरियाँ करना पसन्द करती हैं?

फैयज़ा नावार : पहले टीचर, फिर डॉक्टर, फिर इंजीनियर।

नासिरा शर्मा : औरतों की अभिलाषा?

फैयज़ा नावार : मर्दों के बराबर जाने की है।

नासिरा शर्मा : उन पर अंकुश कितना है?

फैयज़ा नावार : शहरों में बड़ी आज़ादी से औरतें आती-जाती हैं मगर देहातों में पाबन्दी है क्योंकि वातावरण में विकास का योगदान कम है! शहर में सिनेमा है, थियेटर और कई तरह की रुचियाँ हैं!

नासिरा शर्मा : घर में लड़के-लड़कियों से व्यवहार?

फैयज़ा नावार : बराबर से होता है, कोई फ़र्क़ नहीं रखा जाता है।

नासिरा शर्मा : घर में पति की राय चलती है?

फैयज़ा नावार : पति की चलती है मगर कभी-कभी पत्नी आगे बढ़ जाती है और पति को ही बदल डालती है। (मिली-जुली हँसी)

नासिरा शर्मा : टॉपिक ऑफ़ पेंटिंग?

फैयज़ा नावार : सारे टॉपिक पर बनाती हूँ, इस तरह हर तरह के ख़रीदार ख़रीदते हैं।

नासिरा शर्मा : एक चित्रकार के नाते आपकी तमन्ना? आर्ट में ऐसा क्या देकर जाना चाहेंगी जो यादगार रहे?

फैयज़ा नावार : आर्ट में तो नहीं मगर बच्चों की पेंटिंग में दे सकती हूँ। अगर कोई अच्छी कहानी मिले और वह बच्चों को एक घंटा ख़ुशी दे सके तो मेरे लिए बड़ी उपलब्धि है।

नासिरा शर्मा : अपने वतन मिस्र की क्या चीज़ पसन्द है?

फैयज़ा नावार : सीधे गाँव के लोग, प्राचीन कला, पुरानी कविता।

(अप्रकाशित, बग़दाद, 1984)

नबीला तुर्क

टर्की

नबीला तुर्क पत्रकार हैं। अपने हाव-भाव में बेहद गरिमापूर्ण और लम्बे क़द के साथ भव्य व्यक्तित्व की मालिक हैं। उनके चेहरे पर ओज है तो स्वर में ठहराव, चाल में विश्वास है तो आँखों में वात्सल्य, ग़र्ज़ कि नबीला देखने में जितनी सुन्दर हैं उतना ही उनका दिल व दिमाग़ भी ख़ूबसूरत है। वीमेन वर्ल्ड कॉन्फ्रेंस में उनसे हफ़्ते भर की मुलाक़ात रही। बग़दाद से बेबीलोन जाते हुए बस में उनसे लम्बी बातचीत हुई जिसके मुख्य अंश यहाँ दिए जा रहे हैं :

मेरा विश्वास मानव अधिकार पर है

नासिरा शर्मा : आप पत्रकारिता में कैसे आईं?

नबीला तुर्क : मैंने 1950 में अख़बारों के लिए लिखना शुरू किया था। दरअसल 'हयात' नामक पत्र से मैंने पत्रकारिता की शुरुआत की थी। फिर 'डेलीन्यूज़' में लिखने लगी। मेरा प्रिय विषय सियासत और वाणिज्य रहा है। यह भी ख़ासी दिलचस्प बात है कि राजनीति एवं अर्थशास्त्र का विचित्र सम्बन्ध है। दोनों एक-दूसरे के बिना अधूरे हैं या यूँ कहिए कि एक-दूसरे पर निर्भर हैं ! इस्तम्बोल में काफ़ी दिन रही फिर अंकारा आ गई और वहाँ पर अपनी एजेंसी 'आन्जू' नाम से शुरू की जो एक तरह से पहली न्यूज़ कॉपरेटिव एजेंसी थी। 1965 में लेबर पार्टी की सदस्य बनी और अमेरिका, ग्रीस, बुलग़ारिया, सोवियत लैंड, ईरान, इराक़, पाकिस्तान, बंगलादेश, कोरिया, सीरिया, लेबनान, जार्डन जाना हुआ। यह सारी यात्राएँ तुर्क के राष्ट्रपति के साथ हुईं क्योंकि हमारी एजेंसी ख़बर देने में देश की महत्त्वपूर्ण एजेंसियों में से है।

नासिरा शर्मा : इतना भ्रमण करने के बाद आपको इनसान कैसा लगा?

नबीला तुर्क : अगर आप इनसान को प्यार करते हैं तो सब एक हैं। कुछ फ़र्क़ महसूस नहीं होता है। मैं सारे विश्व में घूमी हुई हूँ। बहुतों को जानती हूँ और इस नतीजे पर पहुँची हूँ कि इनसान को प्यार करना ही बड़ी बात है, तभी आपके हाथ में कुंजी आएगी उसको समझने की, क्योंकि आम भावनाएँ तो प्रत्येक इनसान की एक ही होती हैं। मैं वीमेन राइट्स पर विश्वास नहीं रखती हूँ बल्कि मेरे लिए ह्यूमन राइट्स महत्त्वपूर्ण है, उसी पर मेरा यक़ीन है।

नासिरा शर्मा : टर्की में औरत का स्थान क्या है?

नबीला तुर्क : मुस्तफ़ा कमाल अतातुर्क के समय (1920) से औरत को समाज

में मर्दों के समकक्ष बराबरी मिली हुई है। वह फ्रांस, ब्रिटेन, ग्रीस, इटली सभी से लड़े और जीते और अपना क़ानून बनाया। उस समय एंटी इम्पीरियलिस्ट होना बड़ी बात थी। उनका सपना एक नया टर्की बनाने का था। उन्होंने टर्की के समाज को जड़ता से निकालकर पूरा बदल डाला और आज हम उनके बनाए हुए क़ानूनों से फ़ायदा उठा रहे हैं।

नासिरा शर्मा : इस समय टर्की की स्थिति क्या है?

नबीला तुर्क : टर्की के लोग डेमोक्रेसी को पसन्द करते हैं। हमारे प्रधानमंत्री काफ़ी समझदार हैं। बीच में हमने मिलिट्री रूल का भी मज़ा चखा है। अब सोशल डेमोक्रेटिक पार्टी बहुत शक्तिशाली है मगर उसको संसद में स्थान नहीं मिला है। इस लिबरल इकोनॉमी का पहला अनुभव आरम्भ हुआ है।

नासिरा शर्मा : कोई मेजर बदलाव?

नबीला तुर्क : बहुत कम। मगर जो है वह ठीक है। संसद सदस्य कम हैं। हम बच्चे पैदा करते हैं मगर नीतियों में कोई उत्पत्ति नहीं होती।

नासिरा शर्मा : आपने विवाह किया?

नबीला तुर्क : हाँ किया था मगर चन्द साल बाद हमारा तलाक़ हो गया।

नासिरा शर्मा : वजह?

नबीला तुर्क : थकन।

नासिरा शर्मा : यानी?

नबीला तुर्क : हमारी ज़िन्दगी में जहाँ प्यार था वहीं संघर्ष! हमारा उद्देश्य इनसानियत था। लक्ष्य समाज की आलोचना। हम किसी को नहीं छोड़ते थे। वतनपरस्ती हमारे लिए सबसे अहम् थी। मुद्दे पर हम लिखते थे। इस कारण हमारे शत्रु हर जगह पैदा हो गए। मुक़दमा, जेल, आक्रमण इस तरह के तनाव हमको झेलने पड़ते थे। इस सबसे वह ऊब गए और एक दौलतमन्द कम उम्र लड़की से विवाह कर चैन से रहना चाहते थे। मैंने इजाज़त दे दी।

नासिरा शर्मा : दुख तो बहुत हुआ होगा?

नबीला तुर्क : हाँ! मगर करती क्या? मेरे लिए समाज, पत्रकारिता, वतन, मुद्दे भी तो महत्त्व रखते थे। एक आदमी के लिए वह सब छोड़कर अपने को बदलना बहुत कठिन था, फिर विशेष बात तो यह थी कि हमारा सम्बन्ध, एक-दूसरे के प्रति आकर्षण इसी मंच पर बना था जो सामूहिक था। जब उसके विचार ही बदल गए तो बाक़ी क्या बचा?

नासिरा शर्मा : वह ख़ुश है?

नबीला तुर्क : नहीं। कुछ वर्ष अच्छे गुज़रे। वह ख़ुश था मैं दुखी। फिर वह आया एक दिन और कहने लगा मैं बहुत दुखी हूँ, वहाँ मेरी साँस घुटती है, क्या मैं वापस आ सकता हूँ? (कुछ देर ख़ामोशी)

नासिरा शर्मा : फिर?

नबीला तुर्क : मैंने इनकार कर दिया।

नासिरा शर्मा : क्यों?

नबीला तुर्क : बस, मैं बहुत आगे निकल चुकी थी, फिर पीछे लौटना मुश्किल था। उस सम्बन्ध में मेरे लिए कुछ नहीं रह गया था। वह सब कुछ तोड़कर गया था। जिस वर्ग के विरोध में हमने संघर्ष किया, वह उसी में जा मिला। (हँसी)

नासिरा शर्मा : आप ख़ुश हैं?

नबीला तुर्क : हाँ, ज़िन्दगी से बहुत मुतमईन हूँ, जो चाहती हूँ वह करती हूँ। मैं टर्की की पहली महिला हूँ जो इस तरह की एजेंसी चलाती हूँ, मैं मालिक हूँ तो भी कर्मचारियों की तरह तनख़्वाह लेती हूँ। हमारा बुलेटिन दो भाषा में छपता है—अंग्रेज़ी और तुर्की भाषा में। मैं सिंडीकेटर हूँ। ख़बरों में भी इस आत्मा को ज़िन्दा रखने की कोशिश करती हूँ। हमारी एजेंसी अधिक-से-अधिक वाणिज्य की ख़बरें जो पड़ोसी देशों की हैं, देती है ताकि हमारा रिश्ता अन्य देशों से आर्थिक स्तर पर अच्छा बना रहे। टर्की के लोग शान्ति चाहते हैं। हमारा नारा है 'देश की शान्ति यानी संसार में शान्ति', यही हमारी विदेश नीति का मूल मंत्र है। पूरी दुनिया घूमकर जब लौटती

हूँ तो अपने उस छोटे-से तन्हा घर में मुझे बहुत सुकून मिलता है। इस दुनिया के लोग मेरे हैं, मैं उनके बीच अपने को भरा-पूरा समझती हूँ।

इतना कहकर नबीला ने बात ख़त्म कर दी। उनकी सहजता में एक गम्भीर स्वीकृति थी। सच को देखने, कहने में कोई झिझक नहीं थी। उनकी बातों को सुनकर मैं सोचने लगी कि सचमुच मर्द-औरत में क्या फ़र्क़ है, विशेषकर दिमाग़ और काम को लेकर? बेबीलोन आ गया था। नबीला ने मुस्कराकर मेरी तरफ़ देखा और मैंने हँसती आँखों से उनको और बस से उतरकर हम दुनिया के आश्चर्य को देखने बाक़ी महिलाओं के साथ आगे बढ़े।

(1984, बग़दाद, इंटरनेशनल वीमेन सेमिनार)

कैथरीन क्लेरिडस

साइप्रस

कैथरीन क्लेरिडस लन्दन में 10 मई, 1949 को पैदा हुईं। सेकेंडरी स्कूल तक की शिक्षा निकोसिया (साइप्रस) में समाप्त करने के बाद सोशोलॉजी में बी.एस-सी. ऑनर्स करने यूनिवर्सिटी ऑफ़ लन्दन गईं और एम.ए. की डिग्री न्यूयार्क विश्वविद्यालय से पोलिटिकल साइंस में ली। उनसे मेरी पहली मुलाक़ात 1995 में दिल्ली स्थित साइप्रस दूतावास में हुई। वह भारत में राजदूत थीं। भारतीय बुद्धिजीवियों और कलाकारों के बीच समय बिताना उनका सबसे बड़ा शौक़ था। उनके व्यक्तित्व में सबसे बड़ी बात थी कि उन्होंने इस तरह की पदवी पर बैठकर भी अपने औरतपन की कोमलता और सुरभि को खोया नहीं था। जैसे-जैसे उनसे मुलाक़ातें बढ़ती गईं। उनके व्यक्तित्व की परतें खुलती गईं। उनमें आधुनिकता और परम्परागत रंगों का मिश्रण बड़े अनुपात में था। एक शाम उनके ऑफ़िस में हुई लम्बी बातचीत के कुछ अंश यहाँ दे रही हूँ ताकि पाठक उस वार्तालाप का मज़ा लें कि कुछ मुद्दों पर दुनिया का न कोई इनसान एक-दूसरे से अलग होता है और न औरतें रिश्तों के मामले में एक-दूसरे से जुदा होती हैं।

औरतें कहीं ग़ुलामी की आदी न बन जाएँ

नासिरा शर्मा : पढ़ाई के बाद आपने अपने लिए क्या सोचा था?

कैथरीन क्लेरिडस : नौकरी करना चाहती थी। चार साल तक साइप्रस में रहकर मैंने सोशल रिसर्च विभाग में काम किया। यह वह समय था जब टर्की ने साइप्रस पर अटैक किया था। उस समय मेरे लिए ज़रूरी था कि मैं इतने बड़े हादसे में कुछ हाथ बँटाऊँ और सही तस्वीर दुनिया के सामने आए। इस ख़याल से मैंने प्रेस ऑफ़िसर की नौकरी पब्लिक इन्फ़ार्मेशन ऑफ़िस में ली जहाँ पर विदेशी पत्रकारों की सहायता करना और स्थिति की सच्ची तस्वीर दिखाना मेरा कार्य था। उसी के साथ रिफ़्यूज़ी समस्या को भी देख रही थी। मुझे दुख था मगर काम में मुझे बड़ा रूहानी सुख मिलता था।

नासिरा शर्मा : हालात ने आपको फ़ैसला लेने पर मजबूर किया या फिर आप किसी और विषय में अपना कैरियर शुरू करना चाहती थीं जैसे टीचिंग?

कैथरीन क्लेरिडस : टीचिंग में तो नहीं जाना था। फिर मुझे ऑफर मिला 'इंटरनेशनल प्लैंड' पेरेंटहुड फेडरेशन लन्दन से, इन्फ़ार्मेशन ऑफ़िसर का। इस पोस्ट पर मैं 1975 से 1977 तक रही। वहाँ मैंने 'ग्रेज़ इन' से क़ानून की शिक्षा ली और 1979 में 'बार' में दाख़िल हुई। वकालत का पेशा था तो चुनौतीपूर्ण लेकिन मेरे अन्दर कहीं ठहराव का अहसास नहीं आया था। लगने लगा था जैसे मुझे इससे भी आगे जाना है।

नासिरा शर्मा : हालात की कश्ती पर सवार थीं।

कैथरीन क्लेरिडस : शायद। मेरे अन्दर की बेचैनी, देश की हालत और मिलते अवसरों ने मुझे कहीं ठहरने ही नहीं दिया। इसी बीच मैं चुनाव में खड़ी हुई और संसद सदस्या चुन ली गई। 1980 से 1991 तक मैं सदस्या रही मगर मेरे पास इतनी

ज़्यादा इनर्जी थी कि मैं प्राइवेट बैंकिंग सेक्टर की लीगल एडवाइज़र भी बन गई थी और डेमोक्रेटिक रैली पार्टी की मेम्बर होने के कारण उसके कार्यक्रमों में भी काफ़ी समय देना पड़ता था। ख़ासकर मेरा लक्ष्य था कि मैं ज़्यादा-से-ज़्यादा औरतों को पार्टी में मेम्बर बनाऊँ और उन्हें सियासी क्षेत्र में जागरूक बनाऊँ।

नासिरा शर्मा : आप ऐसा क्यों करना चाह रही थीं?

कैथरीन क्लेरिडस : औरतों में जो भी रुचियाँ और गुण हैं वे दरअसल आज की ज़रूरत के मुताबिक़ मद्धिम पड़ चुके हैं। उनमें चमक लाने से औरतों में जहाँ सियासत की दिलचस्पी बढ़ेगी वहीं पर उनमें अपने प्रति जागरूकता बढ़ेगी। उनमें अधिकार पाने की ललक उठेगी और जब वह अपना हक़ माँगने के लिए आवाज़ उठाएँगी तो माहौल का अँधेरा टूटेगा। राष्ट्रीय नीतियों में उनको बराबर की हिस्सेदारी मिलनी शुरू होगी।

नासिरा शर्मा : आज गृहस्थी का फैलाव भी वैसा नहीं है कि पढ़ी-लिखी औरत अपने सारे गुणों और इच्छाओं को सिर्फ़ घर की चहारदीवारी में होम कर दे। संयुक्त परिवार नहीं रहे। बाज़ार बिजली के नए उपकरणों से भरे हैं। इन सारी सहूलियतों के बाद आज के लोग बाहर रेस्त्राँ और होटल में खाना खाना पसन्द करने लगे हैं और औरतें भी काम को हल्का करने की नज़र से इस बदलाव को पसन्द करने लगी हैं।

कैथरीन क्लेरिडस : यह सच है। घंटे तो सबके पास वही हैं। अन्दर-बाहर में उन्हें बाँटना पड़ता है और घर को समय कम मिलता है। 1986 में निकोसिया म्यूनिसिपल कौंसिल में डेमोक्रेटिक रैली पार्टी की ओर से उसकी सदस्या बनी जिससे मेरी ज़िम्मेदारी और बढ़ गई और यह बात साफ़ हो गई कि मुझे इस क्षेत्र में आगे जाना है और काम करना है। औरतों को मैं ज़्यादा-से-ज़्यादा शामिल कर रही थी। जागरूकता की तेज़ लहर घरों के बावर्चीख़ानों से निकल अब मीटिंगों, जुलूसों में नज़र आने लगी थी। डेमोक्रेटिक रैली पार्टी में फ़र्स्ट सेक्रेटरी और सेंट्रल कमेटी और पोलिटिकल ब्यूरो ऑफ़ द पार्टी की भी मेम्बर बनी और पहली अध्यक्ष के रूप में सोशल पॉलिसी और महिला अधिकार अध्ययन संगठन का भार भी कन्धों पर आ गया था। 19 मई, 1991 के सांसद चुनाव में निकोसिया प्रान्त की मेम्बर चुनी गई। इसी के साथ पर्यावरण कमेटी, क़ानूनी कमेटी, लेबर : समाजी कमेटी और इंश्योरेंस कमेटी में भी सक्रिय हो गई। मेरी ज़िम्मेदारी तब और बढ़ गई जब

पार्लियामेंटरी कॉन्ट्रैक्ट ग्रुप की प्रतिनिधि चुनी गई, जिसका काम यूरोपियन संसद से लगातार सम्पर्क में रहना था।

नासिरा शर्मा : इन सारी उपलब्धियों में शादी के बारे में कभी नहीं सोचा?

कैथरीन क्लेरिडस : समय ही नहीं मिला। शादी के बाद जो लोगों का हाल होता है उसे देखकर मैं कभी बहुत आकर्षित नहीं हुई।

नासिरा शर्मा : आप ग्रीक, इंगलिश, जर्मन और फ्रेंच भाषाएँ जानती हैं। संवाद के कितने सेतु आपके पास हैं। जान-पहचान का दायरा बड़ा है, फिर इस हालत में आपको कोई प्रभावित क्यों नहीं कर पाया?

कैथरीन क्लेरिडस : चान्स की बात है। शायद काम को ही मैंने अपना जीवनसाथी चुन लिया हो और अहसास के धरातल पर इतने लोगों के साथ बँट चुकी थी कि अपने बारे में मुझे कभी सोचने का मौक़ा ही नहीं मिला। और इन वर्षों में अपनी तरह रहने की ऐसी आदत पड़ चुकी है कि अब किसी के साथ कुछ साँझा करना मुश्किल लगता है। दुनिया में बहुत-से औरत-मर्द हैं जिन्हें पति और पत्नी की ज़रूरत महसूस नहीं होती है। उनकी ज़िन्दगी का चौखटा कुछ अलग तरह से फिट हो जाता है जिसमें पूरा विश्व उनका परिवार बन जाता है। ऐसे बहुत-से लोगों से मैं मिली।

नासिरा शर्मा : इतने अहम ओहदों पर रहकर आपको क्या लगता है कि यह दुनिया कभी सँवरेगी?

कैथरीन क्लेरिडस : काम तो सकारात्मक स्तर पर बहुत हो रहा है मगर नकारात्मक फ़ोर्स भी उतनी ही मज़बूत है और हमेशा से रही है। संचार माध्यम ने उसे ज़्यादा खोल दिया है। सूचनाएँ हर ख़ास और आम को बड़ी सरलता से मिल जाती हैं।

नासिरा शर्मा : एक-दूसरे के देश को जीतना, तलवारों से गर्दन काटना यह मध्ययुगीन दौर की निशानियाँ हैं। जिनको नई तकनीक के साथ दोहराया जा रहा है। जबकि बहुत-सी समस्याएँ संवाद से हल की जा सकती हैं, आपका तजुर्बा क्या रहा?

कैथरीन क्लेरिडस : इनसान के अन्दर से हुकूमत करने की लालसा कम नहीं हुई है और शक्ति व सत्ता का मिज़ाज भी नहीं बदला है। इसलिए इस विचार के लोग हमारे बीच हमेशा रहेंगे और उनसे हमको टक्कर लेनी ही पड़ेगी।

नासिरा शर्मा : औरत की स्थिति साइप्रस समाज में कैसी है?

कैथरीन क्लेरिडस : हर देश की तरह दोयम दर्जे की। गोकि औरतों ने शिक्षा में और अन्य कार्यक्षेत्रों में अपनी गुणवत्ता को मनवाया है मगर अभी भी पक्षपात बड़ी बारीक़ी और चालाकी से कर ही दिया जाता है और इस 'काट' को औरत ने समझ लिया है और वह भी इस पैंतरे को मौक़ा-ब-मौक़ा इस्तेमाल करने लगी है।

नासिरा शर्मा : आप नहीं सोचतीं कि औरतें अपनी सारी ख़ूबियों के साथ एकता के सूत्र में बँध जाएँ तो आधे से ज़्यादा कठिनाइयाँ दूर हो सकती हैं और हम बेकार के जंजालों से निकल अपनी ज़िन्दगी के घंटों को बेहतर तरीक़े से जी सकते हैं?

कैथरीन क्लेरिडस : आपके सोचने का यह ढंग अच्छा है मगर आश्चर्य की बात है कि अभी तक ऐसा क्यों नहीं हो पा रहा है! औरतें अक्सर दूसरी औरत पर विश्वास नहीं कर पाती हैं और मर्दों से प्रभावित हो वह पूरे महिला वर्ग को नुक़सान पहुँचाती हैं। जब तक उन्हें चेतना आती है तब तक बात ख़ासी बिगड़ चुकी होती है। इन सारे उलझाव को अभी समय चाहिए। औरतें घर से निकलते ही सब कुछ सीख नहीं लेंगी। परतदार कठिनाइयों को सुलझाना तो मर्दों के द्वारा भी नहीं हो पाया है।

नासिरा शर्मा : यह तब तक नहीं हो पाएगा जब तक ख़ुद मर्द-औरत का सम्बन्ध सहज न हो, बराबरी और सहयोग के धरातल पर न जमे, वरना साथ रहने की जद्दोजहद में ही वह उलझे एक-दूसरे पर आरोपों की कमन्द फेंकते रहेंगे। ऐसी हालत में न उनका दिमाग़ खुला रहता है न मन सन्तुलित। यह रस्साकशी दिन-ब-दिन बढ़ती ही जा रही है।

कैथरीन क्लेरिडस : मैन-वीमेन सम्बन्धों में जटिलता आ रही है। हिंसा भी बढ़ी है जिसका मुझे कोई व्यक्तिगत अनुभव नहीं है तो भी दूसरों की ज़िन्दगी का दर्द नज़र तो आता है। मेरा विश्वास है कि यह सारी समस्याएँ अपने आप दूर हो जाएँगी जब औरतें अपनी रुचियाँ बढ़ाएँगी। इस दुनिया से सीधा सम्पर्क बनाएँ। दूसरों की असुविधा को गहराई से समझें। लेकिन ज़्यादातर परेशानियों का बोझ उन्हें ही उठाना पड़ता है। आप जानती हैं साइप्रस मैडिटेरियन का तीसरा सबसे बड़ा आइलैंड है। हम खेतिहर लोग हैं। मगर पहले की तरह हमारी खेती उतनी लाभकारी नहीं रह गई है। पहले बहुत बड़े पैमाने पर पर्यटक आते थे जिसकी आमदनी लगभग रुक-सी गई है। यह सब तब हुआ जब 1974 में टर्की ने हम पर हमला किया और अपनी

फ़ौजों को साइप्रस में दाख़िल किया। उन सारी जगहों पर उन्होंने क़ब्ज़ा कर लिया जो उपजाऊ थीं और उत्पादन की दृष्टि से महत्त्वपूर्ण थीं। इस घटना ने भी हमारी औरतों को बदहाल बनाया। और जिनके मर्द ज़िन्दा थे उनके बीच के सम्बन्धों को बेहद कड़वा बनाया। दबाव में रहने वाला आदमी या मर्द प्यार का राग नहीं छेड़ सकता है। आप तो 1996 में जो सिम्पोजियम हुआ था उसमें शामिल हुई थीं। जिसका विषय 'साइप्रस, यूनाइटेड नेशन्स एंड कानफ्लिक्ट रेवोलूशन' था। उसमें आम आदमी को लेकर सबने पर्चे पढ़े थे। इतिहास के परिप्रेक्ष्य में बातें की थीं कि इस समस्या को जल्द-से-जल्द हल किया जाए। साइप्रस एक बड़ा आइलैंड है मगर छोटा राष्ट्र है। यूरोपियन यूनियन की मेम्बरशिप मिलने से यह उम्मीद बँधी है कि हमारी सुरक्षा की गारंटी कहीं है।

नासिरा शर्मा : ऐसे समाज में कुछ सवाल वास्तव में अर्थहीन हो उठते हैं और उस बड़े सवाल के सामने ज़्यादा भयानक सवाल उभरकर आते हैं।

कैथरीन क्लेरिडस : सही कहा आपने। हमारी कठिनाइयाँ अलग-सी हैं। 19 दिसम्बर, 1996 में एक अहम फ़ैसला यूरोपियन कोर्ट ऑफ़ ह्यूमन राइट्स में आया है कि ग्रीक साइप्रस शरणार्थी टीटीना लोआयजीडो को ग़ैरक़ानूनी तौर से टर्की ने उसकी जायदाद से बेदखल कर दिया है। उसकी जायदाद पर कायरिनिया में क़ब्ज़ा किया और उसकी वापसी पर रोक लगा दी जो ग़लत है। मानव अधिकार की धारा एक के अनुसार टर्की ग़लत है। इस सनद को इंटरनेशनल न्यायालय ने रिलीज़ कर दिया है जो एक बड़ा क़दम और अच्छी शुरुआत है। ऐसी स्थिति में हमारा हौसला बढ़ा है।

नासिरा शर्मा : आपको लगता है कि आपने अपनी ज़िन्दगी को देश के लिए समर्पित कर दिया है?

कैथरीन क्लेरिडस : हाँ, हम अपनी व्यक्तिगत ख़ुशहाली और सुख के लिए देश और देशवासियों की ग़ुलामी को स्वीकार नहीं कर सकते हैं। दो दहाई बहुत बड़ा समय होता है। एक पीढ़ी जवान हो जाती है। उसकी दिमाग़ी हालत का अन्दाज़ा लगाया जा सकता है। इसलिए मैंने रात-दिन एक करके औरतों को राजनीति में शामिल होने का अवसर दिया ताकि वह ग़ुलामी की आदी न बन जाएँ। उनके अन्दर का जज़्बा मर न जाए।

नासिरा शर्मा : मेरी नेक ख़्वाहिशें साइप्रस के साथ हैं। आज़ादी सबको प्यारी होती है, यह अन्दाज़ा तो हमें भी है।

कैथरीन क्लेरिडस : काश आज दूसरा गांधी इस बिगड़े हालात में पैदा हो।

नासिरा शर्मा : ब्रिटेन दिखाता तो है कि वह मौजूदा साइप्रस की समस्या को हल करना चाहता है मगर वहाँ के लोगों को 'फ़्यूज वायर' समझकर वह भूल चुका है कि कितना कुछ आम आदमी झेल रहा है। शायद इसका कारण है कि अमेरिका और ख़ुद यूरोपियन यूनियन जानता है कि साइप्रस में टर्की का बना रहना उसके फ़ायदे में जाता है इसलिए इस समस्या को हल नहीं करना चाहता है?

कैथरीन क्लेरिडस : बिलकुल सही है। बीस वर्ष से साइप्रस कितना कुछ झेल रहा है। उसके हज़ारों लोग जेल में सड़ रहे हैं जो टर्की की कुछ जेलों में हैं तो कुछ ख़ुद टर्की के क़ब्ज़े वाले साइप्रस की जेलों में, कितने हज़ार लोग ग़ायब हैं जिनका कोई पता आज तक नहीं चल पाया है। लाखों लोग अपने ही देश में शरणार्थी बन भटक रहे हैं। लाखों तुर्कों को ज़बर्दस्ती साइप्रस में बसाया गया। उनके घर और जायदाद उन स्थानीय लोगों को बख़्श दी गई जिन्हें टर्की की फ़ौज ने देश के बाहर खदेड़ दिया था। यू.एन. कमीशन आन ह्यूमन राइट्स ने भी इस समस्या का नोटिस लिया मगर हल कोई नहीं कर पा रहा है क्योंकि सबके अपने-अपने स्वार्थ हैं। साइप्रस इंटरकम्यूनिटी दंगों से भी पीड़ित है। उसके सारे प्रान्त बिखर गए हैं।

नासिरा शर्मा : अमेरिका ने स्वयं अपनी नियुक्ति अपनी मर्ज़ी से अन्तर्राष्ट्रीय ह्यूमन राइट्स के पितामह के रूप में कर ली है। वह बड़ी बुलन्द आवाज़ में अन्य देशों में होते मानव अधिकारों के हनन का प्रचार करता है मगर ख़ुद हर राष्ट्र में कुछ भी करने के लिए अपने को आज़ाद पाता है। मानव अधिकार विश्व में शान्ति और सुरक्षा क़ायम रखने के लिए बना था मगर कभी-कभी लगता है कि वह सिर्फ़ एक ख़ामोश तमाशाई बनकर रह गया है।

कैथरीन क्लेरिडस : अफ़सोस तो इस दादागीरी का है। 15 नवम्बर, 1983 को 'टर्किश फेडरेटेड स्टेट ऑफ़ साइप्रस' को उन्होंने आराम से 'टर्किश रिपब्लिक ऑफ़ नॉरदन साइप्रस' के नाम से ऐलान कर दिया जिसको केवल टर्की सरकार ने स्वीकार किया और विश्व के किसी भी देश ने इस नए साइप्रस को समर्थन

नहीं दिया। इस अवैध ऐलान के विरोध में अनेक देशों और संस्थाओं ने न केवल इसे अस्वीकार किया बल्कि इसकी निन्दा भी की और सोवियत संघ ने इसको ख़तरनाक बदलाव का नाम दिया। यही नहीं ब्रिटिश सरकार ने भी इस घोषणा को नज़रअन्दाज़ करते हुए ग़ैरक़ानूनी तौर से अपना मत सामने रखा कि वह सिर्फ़ एक साइप्रिट स्टेट, रिपब्लिक ऑफ़ साइप्रस को पहचानता है। जिसके राष्ट्रपति केइप्रियानाव हैं। यह बात 1960 साइप्रस ट्रीटी के विरुद्ध जाती थी और दोनों तरफ़ के लोगों को स्वीकार नहीं थी। यूरोपियन यूनियन ने इस घोषणा को पूरी तरह स्वीकार नहीं किया और लगातार साइप्रस के लोगों के मानव अधिकार के पक्ष में अड़ा रहा मगर कुछ कर नहीं पाया। दूसरी तरह से उसने हमारी मदद आर्थिक क्लब इत्यादि से की मगर समस्या तो ज्यों-की-त्यों हमारे सिर पर मँडरा रही थी। कमीशन के 51वें सत्र में यह तय हुआ था कि आठ बैठकों में इस समस्या पर बात होगी जिसमें सौ से ज़्यादा डेलिगेट होंगे। इन बैठकों में सरसरी तौर पर पूरी दुनिया में हो रहे मानव अधिकार के हनन पर बातें होती रहीं और उन पर फ़ोकस रहा जो उनके मित्र देश थे, लेकिन जिन देशों से दोस्ताना सम्बन्ध नहीं थे उनके प्रति ये सौ लोग, प्रतिनिधि और तमाशबीन चुप बैठे रहे। अमेरिकन प्रतिनिधिमंडल की अध्यक्ष श्रीमती गेराल्डइन ए. फेरारो ने क्यूबा, इराक़, ईरान, सूडान, बर्मा, नार्थ कोरिया में हो रहे मानव अधिकार के हनन पर बात करते हुए बोसनिया, खाँडा, बुरुंडी वग़ैरह का भी ज़िक्र किया और अन्त में अपनी बात ये चन्द जुमले कह ख़त्म कर दी कि साइप्रस की दशा भी शोचनीय है। उसको इन हालात से निकालने के लिए सभी देश यूनाइटेड नेशन की सहायता करें।

नासिरा शर्मा : समस्याएँ हल तो चुटकी बजाते हो सकती हैं यदि शीर्ष नेता चाहें तो, फ़िलिस्तीन की समस्या को लें। वह भी सारी सहानुभूति के बावजूद हल नहीं हो पा रही है लेकिन मेरी इच्छा है कि साइप्रस अपनी तकलीफ़ों से निकले।

कैथरीन क्लेरिडस : शुक्रिया! वह दिन हमारे लिए वास्तव में सुनहरा होगा।

(अप्रकाशित, 1997, दिल्ली)

रुक़इय्या ज़ैनुद्दीन

मलेशिया

रुक़इय्या ज़ैनुद्दीन यूनाइटेड मलेस नेशनल ऑर्गनाइज़ेशन ऑफ़ वीमेन विंग से थीं। यह एक राजनीतिक पार्टी है। वीमेन वर्ल्ड कॉन्फ्रेंस में उनसे मुलाक़ात हुई। लम्बी बातचीत का सार यहाँ दिया जा रहा है :

औरत-मर्द का मेहनताना बराबर हो

नासिरा शर्मा : मलेशिया में औरत का स्थान?

रुक़इय्या ज़ैनुद्दीन : बराबर का है। पार्लियामेंट में चौदह महिला सदस्य हैं, ग्यारह लेजिस्लेटिव में। डिस्ट्रिक कौंसिल, म्यूनिसिपल कौंसिल, लेडी एम्बेसेडर, जज, वकील, सरकारी, ग़ैर-सरकारी ऑफ़िसों में औरतें महत्त्वपूर्ण पदों पर आसीन हैं।

नासिरा शर्मा : इन औरतों को 'औरत' होने के नाते कोई समस्या?

रुक़इय्या ज़ैनुद्दीन : ज़्यादा प्रॉब्लम नहीं है क्योंकि साथी मर्द हमको प्रोत्साहन देते हैं।

नासिरा शर्मा : गाँव-शहर दोनों में?

रुक़इय्या ज़ैनुद्दीन : हमारी संस्था गाँव में भी काम करती है मगर गाँव में औरतों को इतनी बड़ी पदवी या सहूलियतें प्राप्त नहीं हैं जितनी शहर में हैं।

नासिरा शर्मा : उनकी क्या समस्याएँ हैं?

रुक़इय्या ज़ैनुद्दीन : नौकरी पाना अब इतना मुश्किल नहीं है। फ़ैक्टरी हैं, ऑफ़िस हैं, लेकिन वह बाहर काम करना पसन्द नहीं करती हैं क्योंकि उनके पास खेती है सो वह पैडी प्लांटिंग में व्यस्त रहती हैं।

नासिरा शर्मा : शहर में क्या समस्याएँ हैं?

रुक़इय्या ज़ैनुद्दीन : डॉ. महादर मोहम्मद हमारे प्रधानमंत्री चाहते हैं कि मलेशिया की जनसंख्या 2000 में 70 मिलियन हो जाए। वह पॉपुलेशन बढ़ाना चाहते हैं। उसी के साथ शिक्षा का प्रसार करना चाहते हैं। पर कैपिटा इनकम 300 मलेशियन

डॉलर गाँव व शहर में करना चाहते हैं। ऐसी स्थिति में औरत को समर्थन प्राप्त है। हमारे यहाँ कोई फ़क़ीर नहीं है, सब मछली पकड़ने जाते हैं और स्व-रोज़गार पर निर्भर हैं, जैसे रस्सी बुनना, मैट बनाना आदि। औरतें जितना चाहें पढ़ सकती हैं।

नासिरा शर्मा : आपका धर्म इस्लाम है। क्या मलेशिया में शरियत लॉ के चलते तलाक़ की समस्या नहीं है?

रुक़इय्या ज़ैनुद्दीन : मुस्लिम मर्द मलेशिया में औरत को तलाक़ देते हैं मगर औरत नहीं दे सकती है। लेकिन तलाक़शुदा औरत दूसरा विवाह कर सकती है। इस्लाम में मर्दों को चार शादियों की इजाज़त है। हम चाहते हैं ऐसा वह न करें मगर व्यावहारिक रूप से हम अभी ऐसा कोई क़ानून नहीं बना पाए हैं। इसलिए हम आमदनी का प्रश्न उठाते हैं कि क्या वह कम तनख़्वाह में दूसरी पत्नी का खर्च उठा सकता है और शरियत क़ानून के अनुसार दोनों या चारों पत्नियों को एक नज़र से देख सकता है सबको एक तरह की सुख-सुविधा दे सकता है? शहर में तो हम इस तरह के सवाल उठा दूसरे विवाह को कठिन बना देते हैं मगर गाँव में यह चलन बहुत है। बीवी-बच्चों को छोड़ देते हैं और बच्चों की देखरेख बेचारी पत्नी को करनी पड़ती है। इस तरह से कहा जा सकता है कि पढ़े-लिखे मलेशियन मर्द एक विवाह करते हैं और अनपढ़ कई-कई शादियाँ करते हैं।

नासिरा शर्मा : फ्री सेक्स?

रुक़इय्या ज़ैनुद्दीन : यहाँ फ्री सेक्स नहीं है।

नासिरा शर्मा : अगर ऐसा हुआ सज़ा क्या है?

रुक़इय्या ज़ैनुद्दीन : जुर्माना और जेल। नौकरी का रेकॉर्ड ख़राब हो जाता है, फिर फ़ैक्टरी या ऑफ़िस उन्हें दोबारा काम पर बुलाए या न बुलाए।

नासिरा शर्मा : शादी में मेहर कितना बँधता है?

रुक़इय्या ज़ैनुद्दीन : 160 डॉलर।

नासिरा शर्मा : तलाक़ में ख़र्चा, गुज़ारा-भत्ता?

रुक़इय्या ज़ैनुद्दीन : इद्दत में तीन माह का ख़र्च दिया जाता है। गर्भवती है स्त्री

तो उस समय तक तलाक़ नहीं होगा, जब तक बच्चा नहीं हो जाता। तलाक़ रुक गया तो ठीक वरना बच्चे का ख़र्च पिता को वहन करना पड़ता है।

नासिरा शर्मा : फ़िलहाल समाज में सबसे बड़ी समस्या?

रुक़इय्या ज़ैनुद्दीन : तनख़्वाह का बराबर न मिलना। हमारा नारा है कि औरत-मर्द का मेहनताना बराबर हो।

(1984, बग़दाद, इंटरनेशनल वीमेन सेमिनार)

राहब मोआसा

केन्या

राहब मोआसा सेक्रेटरी जनरल ऑफ़ वीमेन कौंसिल ऑफ़ केन्या देखने में भोली-भाली युवती लगती हैं। उनसे जब बातचीत आरम्भ हुई तो यह जानकर आश्चर्य हुआ कि वह न केवल शादीशुदा हैं बल्कि दस बच्चों की माँ भी हैं। उन्होंने बड़े दुख से कहा कि मेरे बच्चों की तादाद सुनकर यहाँ सब हँस पड़ती हैं जबकि हमारे यहाँ एक आम औरत इतने ही बच्चों की माँ होती है। उनसे बहुत सारे मुद्दों पर बातें हुईं, जिनमें से कुछ यहाँ दिए जा रहे हैं :

गोबर की महक आती है

नासिरा शर्मा : आपकी संस्था का स्वरूप क्या है?

राहब मोआसा : यह अम्बरेला ऑर्गनाइज़ेशन है, इसके अन्दर पचास के लगभग दूसरी छोटी-मोटी संस्थाएँ हैं या कहिए इस संस्था की पचास शाखाएँ हैं जो विस्तार से फैली हैं।

नासिरा शर्मा : औरत की स्थिति क्या है?

राहब मोआसा : कुछ हिस्सों में बराबर का सम्मान मिलता है। अवसर औरतों को दिए गए हैं मगर उनको सुचारु रूप से लागू नहीं किया गया है जिसके कारण

अधिकतर औरतें लाभ उठाने से वंचित रह जाती हैं। हमारे यहाँ लगभग 20 मिलियन लोग खेती पर निर्भर हैं, रुई, चाय आदि उगाते हैं।

नासिरा शर्मा : मुख्य समस्या क्या है?

राहब मोआसा : अशिक्षा की। शिक्षा की कमी के कारण बहुत-सी योजनाएँ सफल नहीं हो पाती हैं। एक उदाहरण देती हूँ कि हमारे राष्ट्रपति की इच्छा है 'ग्रीन बेल्ट मूवमेंट' सफल हो। शहर से गाँव तक हमको इसमें सफलता मिली। पुरस्कार भी मिला परन्तु साक्षरता अभियान उस तरह तीव्र यात्रा नहीं कर पाता है।

नासिरा शर्मा : तलाक़ समस्या आपके यहाँ कितनी है?

राहब मोआसा : बढ़ रही है। कई शादियों का रिवाज है। औरतें शिक्षा की कमी के कारण इसको अपनी नियति समझकर स्वीकार कर लेती हैं, यही सबसे बड़ी कमी है। सामाजिक चेतना, क़ानून के प्रति संचेतना बहुत कम है। औरतों को आर्थिक रूप से स्वावलम्बी बनाने के लिए उन्हें हम अच्छी नस्ल की डेनिश, जर्मन गाय देते

हैं, केले के बाग़ान लगाने की सुविधा देते हैं। हमारे यहाँ स्लम की समस्या बहुत बड़ी है। अब 'लॉ सोसाइटी' शुरू हुई है। देखते हैं उसका कितना प्रभाव पड़ता है।

नासिरा शर्मा : आपकी संस्था की उपलब्धियाँ?

राहब मोआसा : ऐसा विशेष हम कुछ नहीं कर पाए हैं जिसको हम उपलब्धि का नाम दें परन्तु आम औरत की ठस स्थिति और जड़ मानसिकता को झिंझोड़ने की हमने कोशिश ज़रूर की है। विकासशील देशों की औरतों के बीच में अभी हमारी औरतें जानवर और ज़मीन से जुड़ी हुई हैं जिनके पास से आपको इत्र की नहीं, गोबर की महक आती महसूस होगी।

नासिरा शर्मा : शिक्षित औरतें?

राहब मोआसा : हैं बड़ी संख्या में मगर बदहाल पिछड़ी औरतों की तादाद ज़्यादा है, अभी हमको बहुत दूर जाना है, सोने से पहले। (एक उदास मुस्कान)

नासिरा शर्मा : वह दिन ज़रूर आएगा।

(अप्रकाशित, 1984, अन्तर्राष्ट्रीय महिला सम्मेलन, बग़दाद)

डामिनिक्यू लागारेड

फ्रांस

डामिनिक्यू लागारेड से मेरी मुलाक़ात उनके समाचार-पत्र LE-QUOTIDIEN DERARIS के कार्यालय में हुई थी। मेज़ पर बिखरी विभिन्न पत्रों की कटिंग पर झुकी हुई चिमनी की तरह सिगरेट फूँक रही थीं। धुएँ के गुबार को चीरती हुई मैं सामने वाली कुर्सी पर बैठ गई। मुझे देखते ही उन्होंने झट सिगरेट बुझाया और कहा चलो बाहर लंच लेते हैं, वहीं बातें होंगी, मुझे चार घंटे बाद तीन दिन के लिए मोरक्को जाना है और अभी पैकिंग वग़ैरह सब करने को पड़ी है।

डामिनिक्यू से जब भी मुलाक़ात हुई काम में उलझी, रहन-सहन में सीधी-सादी। उनका काम सियासी रिपोर्टिंग करना है और फ्रांस की गिनी-चुनी महिला पत्रकारों में उनका नाम आता है।

समस्या सेक्स नहीं, सर्वश्रेष्ठ की है

नासिरा शर्मा : फ्रांस अपने स्वतंत्र विचारों को लेकर संसार का अग्रदूत रहा है। हर क्रान्ति चाहे वह किसी देश में हुई हो उसे फ्रांस ने किसी-न-किसी रूप में प्रोत्साहन अवश्य दिया है। ऐसे समाज में पत्रकारिता में सेंसरशिप जैसा अभिशाप तो शून्य होगा?

डामिनिक्यू लागारेड : आपकी बात से एक हद तक मैं सहमत हूँ कि अन्य देशों की तुलना में हम प्रगतिशील व स्वतंत्र विचारों के हैं परन्तु फ्रांस के दायरे में काम का विस्तार, उसकी गूढ़ता को देखते हुए हम पूर्ण रूप से सन्तुष्ट नहीं हैं। सेंसरशिप यहाँ भी है मगर बड़े सलीक़े से। दूसरों को पता नहीं चलता है लेकिन काम करने वाले बड़े जागरूक रूप से सब कुछ जानते हैं कि समाचार को किसके हित और अहित में जाना है। असन्तोष काम को लेकर हमारे बीच काफ़ी है।

नासिरा शर्मा : हर तस्वीर के दो रुख़ हैं। सफ़ेद और काला। यदि सफ़ेदी की मात्रा अधिक है तो उससे चश्मपोशी तो नहीं की जा सकती है। ईरान की क्रान्ति के आरम्भ में ख़ुमैनी का स्वागत और फिर उसकी तानाशाही के विरुद्ध उठे विरोधी समुदायों को फ्रांस में आश्रय देना अपने में एक चुनौती है। बहरहाल आपके सम्बन्ध फ़िलहाल इराक़ से बड़े मधुर हैं।

डामिनिक्यू लागारेड : इसमें आश्चर्य की क्या बात है? हर प्रगतिशील समाज के साथ हम हैं। अभी हफ़्ते भर पहले एक सियासी फ़िल्म, जो मुश्किल से सात मिनट की थी, उसने बेहतरीन टीवी रिपोर्टिंग की फ़िल्मों में प्रथम पुरस्कार पाया है। फ़िल्म सल्वाडोर के क़ैदियों पर आधारित थी, दूसरी तरफ़ 'काला गुलाब' नाम की फ़िल्म ने भी पुरस्कार जीता जो कैबरे जैसे नृत्यों पर बनाई गई थी।

नासिरा शर्मा : प्रगतिशीलता और स्वतंत्रता की बात की गई है तो पूछना चाहूँगी

कि आपके समाज में स्त्री-पुरुष की स्थिति क्या है?

डामिनिक्यू लागारेड : एक समान है। कौन शोषित है कौन शोषणकर्ता ऐसा हमारे यहाँ नहीं है। ख़ुशी-दुख बराबर से दोनों के हिस्से में आता है अपवाद की बात अलग है।

नासिरा शर्मा : पिछले हफ़्ते औरतों ने जो प्रदर्शन किया था उसके बारे में आपके विचार क्या हैं?

डामिनिक्यू लागारेड : सही है कि हमारे समाज में सबको बोलने की आज़ादी है, जैसा कि आपको मालूम है एक जींस के विज्ञापन को लेकर कुछ औरतों ने उस पर अश्लीलता का आरोप लगाया था। बात मंत्री तक पहुँची थी मगर एक अन्य महिलाओं का समुदाय प्रदर्शन करने पहुँच गया कि औरत क्यों न विज्ञापन के लिए प्रयोग की जाए, वह सुन्दर है, आकर्षक है, उसके पास दिखाने को बहुत कुछ है। अपनी प्रतिभा के प्रदर्शन का हक़ हर औरत को है, उस पर अंकुश लगाना हम किसी प्रकार भी सहन नहीं कर सकते हैं।

नासिरा शर्मा : बहुत ख़ूब!

डामिनिक्यू लागारेड : फ्रांस का समाज एक गतिशील पहिया है जो रुकता नहीं है। जब रुकता नहीं है तो फिर नित्य नए अनुभव किए जाते हैं। हर दौर का एक फ़ैशन, एक माँग होती है। उदाहरण, आज से दस वर्ष पहले यदि किसी महिला का पति के अतिरिक्त पुरुष मित्र नहीं होता तो उसे रूढ़िवादी माना जाता था, यही हाल पुरुषों का था। मगर आज 'एक मर्द एक औरत' वर्तमान समय की माँग है सो हमारा समाज आज उन्हें हेय दृष्टि से देखता है जो एक समय में कई सम्बन्ध बना एक साथ रह रहे हैं। हमारे समाज में आज 'सेक्स' समस्या नहीं रह गई है।

नासिरा शर्मा : फिर समस्या क्या है?

डामिनिक्यू लागारेड : समस्या है दक्षता की। हमारे यहाँ प्रत्येक क्षेत्र में काम करने की सुविधाएँ हैं इसलिए प्रश्न उठता है कि हम दे क्या रहे हैं? हमारी रचना का सृजनात्मक पैमाना क्या है? किसी काम को कर्तव्य समझकर करना हमारी उपलब्धि नहीं है बल्कि इससे बहुत आगे की बातें हैं जहाँ पर पहुँचकर हमें सौ साल बाद

की बात सोचते हुए काम को अंज़ाम देना होता है।

नासिरा शर्मा : काम की सुविधाएँ हैं इसको लेकर मेरे दिमाग़ में एक प्रश्न उभरा है कि दो मिलियन के लगभग जो बेकार जवान आपके फ्रांस में हैं उनका भविष्य क्या है?

डामिनिक्यू लागारेड : इसमें कोई शक नहीं है कि आज फ्रांस आर्थिक रूप से बहुत कष्ट में है।

नासिरा शर्मा : रोज़ हड़तालें हो रही हैं! मेरे सामने हुई भूमिगत ट्रेनों की हड़ताल ने तो पेरिस को मुर्दा ही बना दिया था।

डामिनिक्यू लागारेड : इस प्रकार की हड़तालें अब रोज़ कहीं-न-कहीं होंगी, हमारे बीच असन्तोष है। हमेशा से आराम से रहने वाली क़ौम को छोटी-सी तकलीफ़ भी बड़ी लगेगी।

नासिरा शर्मा : एक ख़बर के मुताबिक़ बेकार नौजवानों की आत्महत्या का रेट वर्ष भर में हज़ार को...

डामिनिक्यू लागारेड : उसके अन्य बहुत-से कारण होते हैं, वैसे बेकारी का बोनस सरकार देती है मगर जिस देश में संघर्ष अच्छी ज़िन्दगी गुज़ारने का हो वहाँ पर साँस लेना और केवल पेट भर जाना लोगों का सन्तोष नहीं बन सकता है।

नासिरा शर्मा : पेरिस में माह भर रहकर ऐसा महसूस हुआ कि दो प्रकार का वातावरण, दो प्रकार के लोग हैं। एक ख़ालिस 'टूरिस्ट', दूसरा टूरिस्टों से उकताया हुआ वह फ्रेंच वर्ग, जो सीधे मुँह विदेशियों से बात करना भी पसन्द नहीं करते हैं।

डामिनिक्यू लागारेड : बिलकुल सही! हमारा दुख यही है कि चन्द माह तो हमें ऐसा लगता है जैसे फ्रांस हमारा अपना रह ही नहीं गया है। क़ीमतें आसमान से बातें करती नज़र आती हैं। फ्रेंच स्वभाव एक पहेली है। वैसे हम लोग बहुत भावुक गम्भीर लोग हैं। सबके लिए अपने घर के दरवाज़े नहीं खोलते हैं मगर जो टूरिस्ट आते हैं वह कुछ विशेष व्यापारी वर्ग के फ्रेंच से मिलते हैं और उसी व्यवहार व स्वभाव को फ्रेंच समाज की उपलब्धि मान लेते हैं, जबकि हम स्वयं उस वर्ग और टूरिस्ट संस्कृति से उकताए रहते हैं।

नासिरा शर्मा : यदि 'टूरिस्ट' न आएँ तो आपकी अर्थव्यवस्था चारों खाने चित गिरे। ऐसा नहीं लगता है आपको?

डामिनिक्यू लागारेड : कह नहीं सकती।

नासिरा शर्मा : क्यों? फ्रांस ने संसार के प्रत्येक देश को नज़र में रखकर उसका कोई-न-कोई आकर्षण केन्द्र फ्रांस में रखा है, चाहे वह लूर्व म्यूज़ियम का कोई हिस्सा हो या पिगाल का कोई कोना या फिर भोजन व पोशाकों की दुकानें व होटल... बहुत बड़े पैमाने पर फ्रांस 'फ़ॉरेन करेंसी' पाता है और इसी 'सूक्ष्म' बिन्दु को वह ललित कला व ऐतिहासिक आवरण में और सियासी सौदों में स्वतंत्रता का अग्रदूत बनकर छुपाए रखता है। जहाँ फ्रांस को उसके सलीक़े पर शत-प्रतिशत नम्बर दिए जाते हैं वहाँ पर इस तथ्य को भी दस प्रतिशत ही मान लें?

डामिनिक्यू लागारेड : इस तरह से मैंने कभी सोचा नहीं है अब तक।

नासिरा शर्मा : अब सोचकर देखिएगा! और...एक हल्का-फुल्का सवाल करती हूँ। आख़िर आप बड़े भी बच्चों का साहित्य बड़े शौक़ से पढ़ते हैं विशेषकर टिन टिन और एस्र्टिक तो बहुत ही लोकप्रिय हैं, बच्चों के कोनों में किताबें पढ़ते बूढ़े-अधेड़ ही दिखते हैं, क्यों?

डामिनिक्यू लागारेड : ज़िन्दगी बहुत संघर्षमय हो गई है। रोज़ की ज़रूरतों को पूरा करने के लिए हम इतने प्रयत्नशील रहते हैं, उसके बाद गम्भीर साहित्य पढ़ने की कोई इच्छा बाक़ी नहीं रह जाती है। थककर हल्का होने का मन चाहता है। उसके लिए कॉमिक्स से बढ़िया और बाल-साहित्य से अच्छा और कौन ज़रिया हो सकता है?

नासिरा शर्मा : अंग्रेज़ी भाषा से आप लोगों को एक विशेष प्रकार की अरुचि है ऐसा क्यों है?

डामिनिक्यू लागारेड : कहाँ? हम-आप अंग्रेज़ी में ही तो बात कर रहे हैं न? हमारे बीच अंग्रेज़ी को लेकर ऐसी कोई कुंठा नहीं है। असली बात आलोचना करने वाले भूल जाते हैं कि अस्सी प्रतिशत फ्रेंच अंग्रेज़ी नहीं जानते हैं, उनके सम्पर्क में आने वाले विदेशी उनसे वही भाषा बोलते हैं, वह बेचारे क्या जवाब दें? अच्छी अंग्रेज़ी बोलना और अंग्रेज़ी में लिखना यहाँ गौरव की बात है। हम बोलकर ख़ुश होते हैं।

मगर जो सच्चाई है वह यह है कि भाषा का सम्बन्ध हमेशा इनसान के काम-धन्धे से जुड़ा रहता है। अधिकतर पत्रकार व लेखक अंग्रेज़ी भाषा जानते हैं क्योंकि रोज़ उन्हें नए देश, नए-नए विदेशियों के सम्पर्क में आना पड़ता है, उनको सुनने और अपने को अभिव्यक्त करने की उन्हें आवश्यकता पड़ती है मगर एक आम फ्रेंच क्यों अंग्रेज़ी बोलेगा और सीखेगा?

नासिरा शर्मा : तब तो आपके समाचार-पत्र अन्य विदेशी पत्रकारों के भी लेख अनुवाद करके छापते होंगे?

डामिनिक्यू लागारेड : यहाँ पर स्थिति बिलकुल अलग है। प्रत्येक देश में हमारे संवाददाता हैं। इसके अलावा प्रत्येक देश पर लिखने वाला हमारे यहाँ 'एक्सपर्ट' के रूप में मौजूद हैं इसलिए विदेशी पत्रकारों के नाम या उनके कार्यों का उल्लेख तो करते हैं मगर उनके लेखों का स्वागत नहीं हो पाता है। कभी-कभार ऐसे अपवाद भी हैं मगर नहीं के बराबर।

नासिरा शर्मा : विदेशी पत्रकारों का फ्रेंच पत्रकारिता पर कितना प्रभाव है?

डामिनिक्यू लागारेड : शून्य! हम स्वयं हर काम में दक्षता प्राप्त करना चाहते हैं, दूसरों की दिमाग़ी सत्ता को क़बूल करना नामुमकिन बात है हमारे लिए।

नासिरा शर्मा : आपका समाज वास्तव में स्वतंत्रताप्रिय समाज है मगर जाने क्यों मुझे महसूस हुआ कि सब कुछ होने के बाद भी यहाँ पर इनसान बहुत 'तन्हा' है। सब कुछ पाकर भी उसके जीवन में शून्यता है और तलाश का सफ़र जारी है।

डामिनिक्यू लागारेड : बड़े शहरों की यह देन है। हमारे छोटे शहर अब भी बड़े मासूम हैं, वहाँ के लोग रस्म-रिवाज व मर्यादाओं में बँधे हुए हैं। जब-जब वहाँ से अतिथि आते हैं और ऐसी जगहें देखना चाहते हैं जिन्हें स्वयं हम देख नहीं पाते हैं तो वह हम पर आश्चर्य करते हैं और हम उन पर कि उन जगहों में क्या है जो ये बेक़रार हैं। इन बातों से यह फ़ायदा होता है कि हम अपने विचार के दायरे के बाहर भी झाँक लेते हैं कि पेरिस में क्या-क्या हो रहा है?

नासिरा शर्मा : पेरिस में प्रत्येक इनसान के लिए उसकी रुचि के अनुसार दिलचस्पियाँ हैं कि पलभर भी वह ख़ाली नहीं बैठ सकता है। कुछ-न-कुछ सीखता रहता है।

चाहे वह सेक्स का संसार हो या...

डामिनिक्यू लागारेड : इसमें कोई शक नहीं है मगर जब वह इन सारे अनुभवों से होकर लौटता है तो बहुत देर हो चुकी होती है। ज़िन्दगी में अनुभव बड़े सुखद हो सकते हैं यदि वह ख़ुद आपसे टकराएँ, मगर जब अनुभवों की फैली बस्ती में स्वयं अनुभव करने जाएँ तो फिर वह उपलब्धि न बनकर अभिशाप हो जाते हैं और अक़्ल आते-आते महसूस होता है कि बेकार में उम्र गँवाई। इसमें ऐसा था ही क्या?

नासिरा शर्मा : उसके बाद भी सफ़र जारी है...आज वह पुराना अनुभव क्या न दोहराना ही आपकी दृष्टि में सेहतमन्द है?

डामिनिक्यू लागारेड : हाँ, जैसे एक लड़की को मैं बहुत नज़दीक से जानती हूँ। उसकी अभिलाषा थी कि वह दवाओं की दुकान खोले मगर पूँजी कहाँ थी इस इच्छापूर्ति के लिए...उसी अनुभव की बस्ती में गई, तीन-चार वर्ष की वेश्यावृत्ति से इतना धन कमा लिया और अब एक बड़े स्टोर की मालिक है। जो चाहा उसे पा लिया। यह भी इसी समाज में है। और मैकसिम राडिन्सन जैसे बुद्धिजीवी भी जो धन से दूर सिर्फ़ किताबों में डूबे रहते हैं। इसे क्या कहोगी तुम?

नासिरा शर्मा : यही कि फ्रांस में हर प्रकार की स्वतंत्रता है। पसन्द और रुचि पर निर्भर है कि इनसान कौन-सा रास्ता चुने।

(अप्रकाशित, 1983, पेरिस)

बारबरा बैकहाउस

लन्दन

बारबरा बैकहाउस लगभग साठ वर्ष की ऐसी अंग्रेज़ औरत हैं जो न ज़िन्दगी के ग़मों के आगे घुटने टेकती हैं और न बढ़ती उम्र के सामने हथियार डालने को तैयार हैं। उनका बोलने का अन्दाज़, कपड़े पहनने और सजने में उनकी पसन्द किसी जवान औरत की तरह शोख रंगों से भरपूर है। वह लन्दन से चन्द किलोमीटर की दूरी पर एक गाँव में रहती हैं जहाँ उनका अपना घर, फलों का बाग़ और एक झील है। उन्होंने लम्बे अरसे तक सरकारी नौकरी की और महिला संघ से जुड़ औरतों के मुद्दे पर हमेशा मुखर हो बोलीं। मेरी उनसे मुलाक़ात बहरीन एयरपोर्ट पर हुई जहाँ हमने सात-आठ घंटे साथ बिताए थे। उनसे हुई दिलचस्प लम्बी बातचीत के कुछ अंश यहाँ दे रही हूँ।

मुझे ज़िन्दगी ने कई बार नवाज़ा

नासिरा शर्मा : आपने अपने पति की आत्महत्या के बाद अपने को कैसे सँभाला?

बारबरा बैकहाउस : मुश्किल काम था। मैं जवान थी। हम दोनों मेहनती थे। घर बड़ी मुश्किल से हमारे ओवरटाइम करने के बाद चलता था। मेरे पति एक शरीफ़ इनसान थे। वह मुझसे और अपने दोनों बच्चों से बहुत प्यार करते थे। उन्हें देखकर, हमारे रिलेशन को पास से जानने-समझने वालों को तो यक़ीन ही नहीं आया। आठ साल तक मैं अकेली सब कुछ सँभालती रही। मैं नहीं चाहती थी जो दुख भरा जीवन मेरे शौहर ने बचपन में जिया उसे मेरे बच्चे दोहराएँ। उनके माँ-बाप गुज़र चुके थे। उन्हें जिस औरत ने गोद लिया था वह 'चाइल्डलेस' थी। दो-तीन साल बड़े प्यार से रखा मगर जब वह अचानक गर्भवती हुई तो सब कुछ बदल गया। उसका असर उनके दिमाग़ पर गहरे अवसाद की शक्ल में उभरता था।

नासिरा शर्मा : आठ साल के बाद आपने ज़िन्दगी कैसे सँवारी?

बारबरा बैकहाउस : बच्चे जवान होकर नौकरी में लग गए और मेरी ज़िन्दगी में भी एक ऐसा मर्द आया जिससे मैं शादी करना चाहती थी मगर उससे मेरे बेटे की नहीं पटी। वह आदमी ठीक था मगर मेरे बेटे पर हाथ उठा देता था। तब बेटा मेरे साथ रहता था। हम तीनों के बीच कड़वाहट बढ़ी और वह शख़्स मुझे छोड़ गया। उम्र में वह मुझसे छोटा था। बेटा भी अलग रहने लगा और एक बार फिर मैं तन्हा रह गई। नौकरी से घर और घर से ऑफ़िस। यही मेरी दिनचर्या थी। ऊब चुकी थी। मेरे रिटायरमेंट में अभी पूरे दस साल बाक़ी थे। मैं चाहती थी मेरा घर बस जाए और मेरे जवान बच्चे जब मेरे साथ आकर रहें तो मुझे ख़ुश देखकर उनमें विश्वास आए मगर मैं निराश थी। मुझे लगने लगा था कि मुझसे अब कोई नहीं टकराएगा मगर गॉड को कुछ और मंजूर था। मेरा एक अफ़ेयर शुरू हुआ। बिना किसी कोशिश

और खोज के। यह भी मुझसे उम्र में छोटा था मगर मेरे लिए उसके दिल में बहुत साफ़्टनेस थी! मैं उसका पूरा ख़याल रखती। काम से लौटकर वह घर जाता फिर मुझसे मिलने आता। डिनर हम साथ करते थे। मेरे अन्दर ज़िन्दगी की उमंग जागने लगी थी। मेरी हेयरड्रेसर हमेशा मेरी तारीफ़ करते हुए कहती थी कि तुम दुखों के साथ मर नहीं जाती हो और वाक़ई मैं एक बार फिर जी उठी थी। बच्चों को मैं बताना चाहती थी कि मैं शादी करने वाली हूँ।

नासिरा शर्मा : उनका रिएक्शन क्या था?

बारबरा बैकहाउस : क्या कहूँ? (हँसी मगर तल्ख़ हँसी)

नासिरा शर्मा : बच्चों ने मना कर दिया?

बारबरा बैकहाउस : नहीं, मुझे उनसे इजाज़त थोड़ी लेनी थी और न उनके पसन्द-नापसन्द या उनके इनकार या इक़रार से कुछ फ़र्क़ पड़ने वाला था मगर यह रिलेशनशिप भी टूटने के कगार पर आ गई जबकि मैंने इस बार हर तरह से समझौता किया मगर हर बात की एक हद होती है। आख़िर वह रिश्ता टूटा तो सब कुछ जैसे अँधेरे में डूब गया।

नासिरा शर्मा : आप एक मर्द की उपस्थिति घर के लिए ज़रूरी समझती हैं?

बारबरा बैकहाउस : आफ़कोर्स! मगर मैं मर्दों के पीछे भाग नहीं रही थी बल्कि मेरे साथ इत्तफ़ाक़ एक के बाद एक घट रहे थे। मैं डिनर पर उसका इन्तज़ार करती मगर वह देर में आता या फिर आता ही नहीं। मैं डिनर टेबिल सजाकर उसका दरवाज़ा खटखटाती कि डिनर रेडी है और उसकी जगह कोई औरत दरवाज़ा खोलती, मैं ख़ून के घूँट पीकर रह जाती और एक दिन मुझे एक ख़त मिला कि मेरा पिछले छह माह से एक सम्बन्ध बन गया था। अब उस रिलेशनशिप का नतीजा यह निकला है कि वह गर्भवती है। उसके गुडबाई को मैंने स्वीकार कर लिया।

नासिरा शर्मा : आपकी कोई हॉबी या फिर व्यस्त रहने का कोई और ज़रिया जिससे तन्हाई कट जाती?

बारबरा बैकहाउस : सूडूको मेरा प्रिय मशग़ला है। मैं ज़िन्दगी की पहेली के साथ शब्दों की पहेली हल करना पसन्द करती हूँ मगर यह शौक़ दरअसल इनसानी कमी

का विकल्प नहीं है। आपका दिल तो बहल जाता है मगर वे शौक़ आपको स्पर्श कर आपके गाल या कन्धे थपथपा नहीं सकते हैं। मेरी नब्बे वर्ष की माँ ओल्ड होम में हैं। हफ़्ते में एक बार मैं उनसे मिलने जाती हूँ। बेटी की जहाँ नौकरी है वहाँ साल में पन्द्रह दिन बिता आती हूँ मगर 24 घंटे में से जो सोने और काम करने के बीच होते हैं, उस वक़्त को कैसे गुज़ारा जाए कि रात को गहरी नींद में डुबो दे। माँ को साथ रख नहीं सकती आख़िर अकेले घर में उन्हें भी कोई बात करने को चाहिए। सच पूछो हम औरतों ने लड़कर लम्बे संघर्ष के बाद कुछ अहम क़ानून तो बनवा लिये मगर तन्हाई और रिश्तों की टूटन पर तो कोई ज़ोर-ज़बर्दस्ती है न कोई सैलूटेप और गोंद।

नासिरा शर्मा : बात तो सही है। हिन्दुस्तान में यह समस्या अब अपना सिर निकाल रही है मगर वहाँ के समाज की संरचना कुछ ऐसी है कि साठ-सत्तर प्रतिशत लोग तन्हाई का शिकार नहीं हैं।

बारबरा बैकहाउस : मैं जब साठ साल की होने वाली थी, तब मैं इस चिन्ता में घुलती कि नौकरी से रिटायरमेंट के बाद मैं सारा दिन कैसे गुज़ारूँगी? मुझे पार्टटाइम जॉब लेनी पड़ेगी तभी मुझसे राबर्ट टकराए जो मुझसे दस साल छोटे थे। मैं हैरत में थी। डरी हुई थी। लेकिन...

नासिरा शर्मा : चुप क्यों हो गईं? क्या...

बारबरा बैकहाउस : नहीं, मैंने उस ऑफ़र से इनकार नहीं किया और पिछले पाँच वर्षों से मैं और राबर्ट साथ हैं।

नासिरा शर्मा : लेकिन यह भी सच है कि ज़िन्दगी सबको इस तरह बार-बार नवाज़ती नहीं है।

बारबरा बैकहाउस : आपका कहना सही है मगर एक सच और भी है कि मैंने ज़िन्दगी से कभी हार नहीं मानी और किसी घटना को ज़िन्दगी का अन्त नहीं माना। इसलिए जब ज़िन्दगी अपने हाथों में सुगन्धित फूलों से भरी टोकरी लेकर मेरी तरफ़ बढ़ी तो मैंने हमेशा उसका स्वागत किया वरना यह आख़िरी मुलाक़ात जो मेरी राबर्ट के साथ हुई वह कभी शादी में न बदलती। ज़िन्दगी भर किराए के मकान में रहने वाली बारबरा के पास अपना घर है। बड़ी ज़मीन है। राबर्ट एक मेहनती आदमी है।

ठेकेदारी करता है। हमारा छोटा-सा घर फलों और फूलों से भरा है। सेब के बाग़ के फल बिकते हैं। झील की सस्ती मछली गाँव वाले हमें उपहारस्वरूप दे जाते हैं। हमारा ख़र्च बहुत कम है। मुझे जो चीज़ें रात-दिन की मेहनत के बाद नहीं मिल पाई थीं, वह ज़िन्दगी ने एक झटके में दे दी। मेरे घर से कुछ किलोमीटर पर मेरे बेटे का घर है। मैं पोते से मिलने जाती हूँ। बेटी की शादी अभी हुई नहीं है। मैं उसी से मिलने दुबई जा रही हूँ। दस दिन रहूँगी फिर लौटकर अपने प्यारे घर आऊँगी।

नासिरा शर्मा : मिस्टर राबर्ट आपके साथ नहीं आए छुट्टी बिताने?

बारबरा बैकहाउस : उन्हें मेरी बेटी पसन्द नहीं करती, मगर मुझे राबर्ट पसन्द है और यह मेरी ज़िन्दगी है, जिसको मैं गरिमापूर्ण बनाकर गुज़ार रही हूँ। हमारी महिला संस्था है। कुकरी क्लास भी होती है, और भी कई तरह के प्रोग्राम हम बनाते हैं। समय बेहद अच्छा गुज़र रहा है।

नासिरा शर्मा : ज़िन्दगी जीने का नज़रिया दरअसल पॉज़िटिव हो तो ख़ुशियों के दरवाज़े बन्द नहीं होते।

बारबरा बैकहाउस : आफ़कोर्स! मुझे सब कुछ गॉड ने इसीलिए दिया कि मैंने किसी भी घटना को ज़िन्दंगी का अन्त नहीं समझा।

उनकी बात के साथ ही एनाउंसमेंट हुआ कि दुबई परवाज़ उड़ने को तैयार है। उन्होंने मेरे गालों का बोसा लेकर हाथ मिलाया और दुबई में मिलने का यक़ीन दिला वह अपने सिर पर नाज़ुक-सी हैट लगा कुछ इस तरह आगे बढ़ीं कि मुझे वह पीछे से इंग्लैंड की क्वीन एलिज़ाबेथ जैसी लगीं। मैं हल्के से मुस्कुरा पड़ी और दिल-ही-दिल में कह उठी, 'बारबरा अपने घर की रानी हैं तो इसमें किसी को क्या एतराज़ हो सकता है।'

(बहरीन, 2006)